思想政治教育学科前沿问题研究

杨立蛟　常春　邵勇　著

山东大学出版社
SHANDONG UNIVERSITY PRESS
·济南·

图书在版编目(CIP)数据

思想政治教育学科前沿问题研究/杨立姣,常春,邵勇著.—济南:山东大学出版社,2021.9(2024.1 重印)
ISBN 978-7-5607-7141-0

Ⅰ.①思… Ⅱ.①杨… ②常… ③邵… Ⅲ.①思想政治教育—研究—中国 Ⅳ.①D64

中国版本图书馆 CIP 数据核字(2021)第 185769 号

责任编辑 张韶明
文案编辑 刘晓燕
封面设计 王秋忆

思想政治教育学科前沿问题研究
SIXIANG ZHENGZHI JIAOYU XUEKE QIANYAN WENTI YANJIU

出版发行 山东大学出版社
社　　址 山东省济南市山大南路 20 号
邮政编码 250100
发行热线 (0531)88363008
经　　销 新华书店
印　　刷 济南新科印务有限公司
规　　格 720 毫米×1000 毫米 1/16
　　　　 11.5 印张 189 千字
版　　次 2021 年 9 月第 1 版
印　　次 2024 年 1 月第 3 次印刷
定　　价 40.00 元

前　言

思想政治教育学科的理论基础与实践基础蕴含着明确的科学性、目的性和实践性，正是学科科学性与价值性相统一的内涵，决定了思想政治教育学科具有鲜明的特点，富有强大的活力和生命力。认识和把握思想政治教育的学科特点，其目的是遵循思想政治教育的规律，驾驭思想政治教育的发展趋势，增强思想政治教育专长，提高思想政治教育效果。

随着马克思主义理论一级学科的建立，思想政治教育学科自1984年以来经历了思想政治教育—马克思主义理论与思想政治教育—思想政治教育的发展阶段，取得了丰硕成果，为推进思想政治教育发展，提高思想政治教育科学性和实效性作出了重要贡献。思想政治教育学科建设，必须立足于我国改革开放、中国特色社会主义现代化建设和人的全面发展的实际，为推进我国社会科学发展服务，为人的全面发展提供导向和动力。我国改革开放的深化和社会主义现代化的建设，既为思想政治教育发展提供了机遇，也向思想政治教育提出了新要求，思想政治教育学科面临着许多新情况、新问题需要研究。

本书是一本探讨思想政治教育学科前沿问题的理论著作，简要论述了思想政治教育学科的基本知识，包括思想政治教育内涵与特征、思想政治教育地位与作用、思想政治教育的主旋律、思想政治教育学科建设发展的回顾与展望；分别探讨了思想政治教育先在结构问题、思想政治教育思想演进问题、思想政治教育公共性问题、思想政治教育整体有效性问题、思想政治教育价值问题、思想政治教育信息问题、“微时代”背景下思想政治教育话语分析问题、思想政治教育创新发展问题。

与已有的同类研究成果相比，本书主要具有以下四大特色：

一是全面性。本书以第二章至第九章共八个板块的篇幅，围绕思想政治教育学科前沿问题进行了深入的分析与探讨。内容比较广博，信息量比较丰富，以期给新时代的读者更全面、更综合的知识。

二是层次性。本书可分为两部分内容，第一章主要对思想政治教育学科的基础知识进行了阐述，第二章至第九章则从不同的角度出发对思想政治教育学科的相关问题进行了深入研究。

三是时代性。每个时代有每个时代的特色，在习近平新时代中国特色社会主义思想引领下，随着信息技术的发展、网络覆盖面的增大，我们已经步入了"微时代"。本书结合时代需求，在分析思想政治教育话语体系建设的困境及机遇的前提下，论述了"微时代"思想政治教育话语体系的转型，并探析了其发展前沿。

四是创新性。本书分析了当前思想政治教育面临的机遇与挑战，并提出了思想政治教育创新发展的路径，具有一定的新意，展示出了一定的创新性。

本书在写作过程中得到了相关领导的支持和鼓励，同时参考和借鉴了有关专家、学者的研究成果，在此表示诚挚的感谢！由于时间及能力有限，书中难免存在疏漏与不妥之处，欢迎广大读者给予批评。

作　者

2021年8月

目　录

第一章 思想政治教育学科概述

开展大学生思想政治教育必须以正确的理论为指导，适应时代发展的新变化，明确大学生思想政治教育的特征及作用，分析当代大学生思想政治教育的主旋律，对思想政治教育工作不断创新，这样才能使大学生思想政治教育在日新月异的时代中保持活力。

第一节 思想政治教育特征与作用

一、思想政治教育的特征

(一)思想政治教育具有历史决定性，能反映出鲜明的时代特色

历史上不同社会形态、不同时期，思想政治教育有所不同。因此我们应当承认思想政治教育的历史局限性，不应超越历史，思想政治教育必然受历史环境、历史条件的影响。思想政治教育的使命与任务，思想政治教育的内容，思想政治教育的方式与手段，具有鲜明的历史和时代特色。任何先进的思想政治教育未来都可能失去先进性，尽管我们不否认历史继承性和可借鉴性。

当然，代表先进生产力发展方向、反映社会发展科学规律、反映人类文明发展趋势的思想政治教育，可以具有预见性、超前性。我国现阶段处于社会主义初级阶段，依据科学理论的指导，依据对历史发展过程的科学总结，对于未来发展趋势的预测是科学可信的。依此进行的思想政治教育，也具备相应的预见性和超前性。

(二)思想政治教育具有明显的应用性，属于实践性活动

思想政治教育的作用对象是人。因为人是有思想的，通过教育可以使

其接受某种理论、思想、观念,并指导、规范、约束自己的行为。社会的存在和发展,某一利益集团的得失和兴衰,需要人们的实际参与,动员的民众越多,得到的支持越广泛,力量越强大,越有利于顺利地实现目标。思想政治教育的目的在于帮助人们形成符合社会要求或符合政治利益集团要求的世界观、人生观、价值观,树立正确的政治观、道德观、法治观,进而解决“做什么”“怎么做”的问题,指导人们在社会生活中采取某种行为。

在当前的历史条件下,人们对思想政治教育是一种实践性活动认识得比较到位,探讨和研究的问题也比较广泛。而对于思想政治教育理论的研究,对于超出实践层面的各个国家、各个政治利益集团都可以运用的科学理论的研究,尚存欠缺。需要注意的是,思想政治教育作为一种政治特色鲜明的实践性活动,在探讨具体问题时,还不能脱离实际。

二、思想政治教育的作用

(一)提升人的精神境界,促进个体成员健康成长的作用

就我国而言,社会主义的精神文明建设,任务仍然十分艰巨,需要社会成员的共同参与,需要社会成员精神境界的普遍性提升。这一过程中的思想政治教育同样重要。

1.人们的思想变化随着接受教育而不断完善提高

客观环境总是处于不断的变化之中,人们的思想也总是处于动态的、变化的过程中。如果想引导人们向正确的方面转化,我们的国家,我们的执政党就应当承担起引导、教育的责任。加强思想政治教育就是引导、教育的途径和方式之一。如果不加强甚至放弃正面的引导教育,负面的影响和教育就会乘虚而入,一些人尤其是年轻人就可能因受到不良思想的影响而走向歧途,滑向深渊,成为社会的负面力量。

2.社会精神文明的建设随着社会成员精神境界的提升而提升

社会精神文明建设与物质文明、政治文明、生态文明的建设相互配合、相互促进。这既是社会文明进步的保证,也是社会文明进步的体现和标志。而人的精神境界的提升,是综合因素作用的结果,其中的因素之一就是有效的思想政治教育。这就是说,人们精神境界的提升,思想政治教育不是唯一的因素,但又是不可缺少的因素。良好的思想政治教育可以促使人们坚定对马克思主义的信仰,坚定正确的理想信念,坚定正确的政治方向,正确认

识和把握中国特色社会主义的共同理想，树立以爱国主义为核心的民族精神和以改革创新为核心的时代精神，树立社会主义荣辱观，践行社会主义核心价值观。

3.思想政治教育是社会成员提高和完善综合素质的重要途径

在我国社会主义现代化建设的进程中，在实现国家富强、民族振兴、人民幸福的中国梦的过程中，每个社会成员的科学技术素质、精神文化素质、思想道德素质等应该能与之相适应，发展过程中所面临的诸多新生事物要求社会个体成员能与时俱进，能适应、理解、接受，开放过程中的外来文化、理论、价值观的影响需要人们的辨别、分析、批判吸收。每一位社会成员在文化、价值观多元化的环境之下，需要思想、认知、辨别、判断层次的完善和提高。所有这些要求的实现，都离不开有效的教育，离不开思想政治教育，适度、适当的思想政治教育尤为重要。

（二）促进社会发展、和谐进步的作用

当前，在中国梦的引领下，我国人民正在为全面建成小康社会，实现“两个一百年”的目标而奋斗，也正在努力构建稳定和谐、文明进步的社会主义社会。社会的发展进步，社会的文明和谐，需要具有良好综合素质的人的参与、奉献、牺牲，需要社会群体具有良好的精神状态。这一过程中的思想政治教育工作，要求更高，任务更重。

1.思想政治教育的引导启发作用

思想政治教育的引导启发作用主要表现在两个方面：对人的行为的直接引导、对人的思想形成和发展变化的引导。

人的行为由思想支配，一个正常人的行为是其思想综合作用的结果。当一个人面对某一境况思考是否采取行为、采取什么行为时，既有自身长期形成的思想认识、思维定式的作用，也有外界环境、舆论氛围、教育引导的作用。科学的、及时的、有说服力和影响力的、能产生冲击和震撼效果的思想政治教育，既具有内在的对教育对象思想形成的长期影响，也具有环境和氛围的外在引导作用。

人的思想的形成有一个过程，但一经形成便具有某种稳定性。人们形成的思想也不是一成不变的，随着客观环境、活动条件的变化，人的思想也必然发生变化。有效的思想政治教育可以在人们思想形成、发展的过程中起到正面的引导作用，帮助人们树立和保持正确的思想，克服和摒弃错误的思想。

2.思想政治教育的制约保证作用

思想政治教育作为一种实践性较强的教育活动，本身不具备强制性的约束力，但仍不能否定其有一定程度的约束作用和保证作用。

思想政治教育的约束，可以称为“软约束”，这是相对于强制性约束而言的。“软约束”也是一种约束，对人们的行为也具有制约作用。一方面，思想政治教育的实施，要主张一种思想，要倡导一种精神，要指引一个方向。这往往代表社会的主流意识，人们在作出行为选择时，一般不会不顾这种体现主流意识的要求而为所欲为，否则，必将为自己带来某种不利的后果。另一方面，法律规范、制度规范的强制性约束力，在调整社会关系的过程中，其作用是其他约束不能取代的，但这种约束仍有局限性，有些社会关系、社会现象，尤其是人们的内在思想问题，不是强制性规范所能约束的，此时的思想政治教育的作用恰好是不可忽视的。

思想政治教育的保证作用可以从两个方面来理解：一方面，可以保证国家、政党、政治利益集团的路线方针政策的贯彻执行，使社会意识形态的状况符合其要求，维护其根本利益。另一方面，可以保证社会个体、内部成员的行为符合其要求，使绝大多数人的行为不偏离其设定的方向，并心甘情愿地为维护其利益而努力，甚至不惜流血牺牲。

3.思想政治教育的调整平衡作用

社会主体在社会生活中扮演着各种角色，每个主体都会有自己的欲望和要求，然而现实的环境和条件很难使人们一切都顺遂心愿，梦想成真，人们的心理矛盾和冲突不可避免。尤其在社会变革、转型时期，社会关系的重新调整、社会资源的重新分配、利益关系的重新组合，常常使一些人处于焦躁、烦闷、茫然、不知所措的状态。这时人们的思想易偏激、行为易失控，社会易动荡。此时，思想政治教育成为调整、平衡人们的思想和行为的必不可少的方式。

4.思想政治教育的鼓励促进作用

人是需要有一种精神的，积极向上的精神可以激发斗志，使人不畏艰险，不怕流血牺牲。中国共产党人之所以能在革命战争时期勇于面对困难，奋勇向前，前仆后继，死而后已，就是源于一种巨大的精神力量的支撑。而形成这样的精神状态，又与党有效的思想政治教育有关。我们党在实践中形成的思想领先、政治工作是生命线的经验，共产党员冲锋在前、牺牲在前的先锋模范作用的经验，人民的利益高于一切、牺牲在先、享受在后、全心全意为人民服务的经验等，充分发挥出了思想政治教育的鼓励促进作用。在社会主义现代化建设的新时期，这些思想政治教育的优良传统仍然十分宝贵，继承和发扬这些传统，仍然有利于新时期思想政治教育的鼓励促进作用的发挥。

5.思想政治教育的是非评价作用

在现实生活中，应该做什么、不应该做什么，怎么做是对的、怎么做是不对的，对此的评判呈现多重标准，难以统一。不同的人有不同的标准，同一人的评判标准也并非固定不变。在这样复杂的社会环境中，怎样统一认识，统一思想，统一行动，进行正确的是非评价？思想政治教育可以发挥不可替代的作用。

首先，当前我国思想政治教育的组织者、实施者是作为执政党的中国共产党，思想政治教育所倡导的理论、思想、精神、行为准则代表了执政党的意志，而作为执政党的中国共产党代表了先进生产力的发展要求，代表了最广大人民群众的根本利益，代表了先进文化的前进方向。历史和人民选择了中国共产党。这表明了中国共产党的先进性，其倡导的理论、思想、精神、行为准则必然表现出先进性，可以作为是非评价的标准。其次，党的思想政治教育的内容包括了中华民族传统美德教育、社会主义道德教育。在道德教育的过程中，当然包含了是非、善恶的评价问题。

第二节　思想政治教育的主旋律

大学生思想政治教育内容是影响大学生思想政治教育实效性的重要因素之一。大学生思想政治教育内容的确定是理论与实际的统一。思想政治教育是培养高素质人才的生命线，是高校的中心环节。思想政治教育其内容十分的广泛、丰富，在新时代，大学生思想政治教育内容要变得更具人本性。

一、中华民族传统美德教育

（一）自强不息教育

“自强不息”这个词语最早出现在《周易》中：“天行健，君子以自强不息。”它是从中国古代“天人合一”的宇宙观和朴素的人文思想中孕育发展出来的人民的心理素质和精神状态，它根植于中华民族的传统之中，是中华儿女奋发图强、自立于世界民族之林、实现民族伟大复兴的精神动力。从历史角度来看，人类的发展、文明的进步是永远不会终结的，而人对自然、社会发展的认识以及在此基础上形成的永无止境的向上努力、自重自信自强的精神，成了最适应现代社会发展需要的民族精神的突出表现。对大学生进行自强不息教育的目的，就是要使大学生志存高远，刚健有为，不怕困难，积极向上，奋发图强。

（二）忧患自省教育

忧患意识可以说是一种责任意识，它是个体履行应当承担的社会责任并努力维护社会正常运行的信念和意志。这种意识是个体在社会分化和社会整合中必须拥有的，要求人们在市场经济发展过程中敢于承担风险、敢于再创辉煌，把国家、民族的生存发展放在心上，还要求他们树立以天下为己任的历史使命感，维护国内安定、发展、团结、进步，保持积极进取、艰苦奋斗的昂扬斗志，以自身的行动去实现社会发展和民族振兴。

中华民族的优良传统远远不止这些，物物相依的集体精神、不畏强权的抗争精神、生生不息的变革精神、经世致用的实用精神、正道直行的廉洁精神、大公无私的奉献精神等等，都是祖先遗留给我们的珍贵的精神财富，对大学生加强这些中华民族优良传统精神的教育，会在不同的层次、不同的侧面锻炼他们的意志，完善他们的人格，提升他们的精神境界。

（三）中国革命传统教育

中国革命传统主要是指，中国共产党在领导中国人民进行长期的革命斗争的过程中产生的，并在中国共产党大力提倡和培植下形成并发展起来的事迹、思想、作风、道德、信仰等等，它是共产党领导下的中国革命斗争实践的产物，是中国共产党克敌制胜的传家宝，这一优良传统有着极其丰富的内容。

第一，中国革命历史和革命者英勇奋斗的事迹是革命传统教育的基础，革命者的事迹、中国革命的历程虽然不能直接等同于革命传统，却是革命传统的载体，是进行革命传统教育的基础。

第二，中国革命产生和形成的思想、道德和作风，是属于精神上或者是思想意识上的，是革命传统精神教育的核心和重点内容。

第三，在中国革命中形成和确立的纪律和制度，也是革命传统教育的重要内容。

二、道德规范教育

中国特色社会主义思想道德规范体系的基本框架，即以为人民服务为核心，以集体主义为原则，开展道德规范教育。

（一）以为人民服务为核心的教育

把为人民服务作为社会主义道德建设的核心，是中国共产党人在伦理思想上的一大贡献。为人民服务也是公民应尽的义务。对他人提供必要的帮助和关心是公民应尽的责任和义务，也就是说，我们在接受他人和社会给我们的服务时，也应尽自己的所能为他人和社会服务，并在服务他人、服务社会的过程中实现自己的个人利益和人生价值。在新的形势下，必须继续大张旗鼓地倡导为人民服务的道德观，把为人民服务的思想贯穿于各种具体道德规范之中。要引导人们正确处理个人与社会、竞争与协作、先富与共富、经济效益与社会效益等关系，提倡尊重人、理解人、关心人，发扬社会主义人道主义精神，为人民为社会多做好事，反对拜金主义、享乐主义和极端个人主义，形成体现社会主义制度优越性、促进社会主义市场经济健康有序发展的良好道德风尚。

（二）集体主义原则的教育

集体主义是社会主义道德的根本属性，体现在社会主义道德规范体系各个方面。在社会主义初级阶段，集体主义包含着三个层次的道德要求：一是从个人和小集体利益出发，兼顾国家和社会整体利益；二是从国家、集体利益出发，兼顾个人利益；三是在三者利益发生矛盾时，自觉牺牲个人和局部利益，以维护国家和整体利益。这三种层次体现了由低到高的三种道德境界，与社会主义初级阶段的现实相适应。在三者利益发生矛盾时，自觉牺牲个人和局部利益，以维护国家和整体利益是集体主义的最高境界，是社会主义道德的核心。集体主义原则是适应社会主义政治、经济制度发展规律而提出的道德原则，加强思想政治教育必须要贯穿集体主义原则的教育。

（三）公民基本道德规范教育

道德规范是人们根据一定社会的道德要求所制定的具有普遍约束力的行为规则与标准。道德规范是在人们的道德活动和道德意识的基础上形成和概括出来的，它源于对人们道德行为的指导，又指导着人们行为的道德化。公民道德是中国社会主义道德体系的基础，是社会主义道德大厦的基石。

三、爱国主义教育

大学生是国家和民族的希望，是实现全面建设小康社会的未来力量，他们爱国情感的强弱，将直接关系到社会的进步和发展，关系到整个国家和民族的前途和命运。因此，必须强化爱国主义教育，以增强他们的民族自豪感、自尊心、自信心和自强精神，增强他们的爱国热情和报国之决心，在实现中华民族的伟大复兴中贡献力量。

爱国主义教育的内容主要包括以下四个方面：

(一)中华民族发展历史

历史是不能割断的，只有懂得历史才能正确地了解现在和展望未来。我们要讲中华民族发展史中的曲折，更要讲近百年来中国的屈辱史，讲现代中国革命史，讲新中国的艰苦创业史，使人们懂得，特别是使青少年懂得，新中国来之不易，社会主义建设成就来之不易，让人们知道中国有今天，多少先烈付出了鲜血和生命，亿万人民进行了多么艰苦的劳动。还应当注重讲杰出人物个人的历史，讲杰出人物、英雄模范的奋斗史、贡献史。因为这样的史料最真切，最实际，也最感人，同时又包含着这些人物的世界观，也最容易引人效法、学习，具有潜移默化的作用。学习革命先烈为了共产主义的实现而不惜抛头颅、洒热血的精神，学习新时期各条战线上涌现出来的先进人物和事迹，能够使大学生更好地认识过去，立足现在，展望未来。

(二)中华民族优秀传统文化教育

中华民族是一个有着五千年悠久历史的伟大民族，我们的祖先通过世世代代的辛勤劳动创造出了光辉灿烂的历史文化，这是我们中华民族的历史瑰宝，是对大学生进行爱国主义教育的重要内容。古老的《书经》中，周武王在《泰誓》里就提出“民之所欲，天必从之”的思想，强调要尊重人民的意愿和要求。《周易》和《老子》充满辩证思想，至今为世界许多国家所研究和运用；《孙子兵法》和中国古代其他许多兵家的著述，至今被许多国家的军事学院定为必读书，而且被广泛应用于企业和市场竞争，显示出它们的无限生命力。在新中国成立不久，中国自力更生制造出“两弹一星”。中国在尖端科学、尖端医学等方面，有许多重大突破，居于国际领先地位。在当代，随着全球化浪潮的兴起，具有不同历史传统和民族特色的文化之间的碰撞和交融将更加广泛、更加频繁、更加激烈、更加深入。一个国家在全球化浪潮中能否保持其优秀民族文化，不仅关系到本民族文化的生存与发展，还关系到国家的命运和前途。特别是一些西方国家借全球化之际，凭借其雄厚的经济实力和信息高科技优势，打着“文化全球化”的旗号，大肆推行文化殖民主义，以达到损害别国本土文化的目的。因此，我们引导大学生继承和发扬中华民族优秀文化传统，培养大学生对民族文化的热爱和认同，增强大学生的民族自尊心、自信心和自豪感，使大学生在西方文化霸权主义面前自觉保护和弘扬本民族文化，维护国家的利益。

（三）国家安全教育

当前世界形势动荡不安，地区冲突、局部战争此起彼伏，恐怖活动日益猖獗，给世界和平带来了诸多不稳定因素。在新时期必须加强大学生国防意识教育和国家安全教育，并将此作为爱国主义教育的重要内容。爱国主义教育与国家安全教育有着十分密切的联系，爱国主义教育是国家安全教育的核心和灵魂，国家安全教育是最生动、最实际、最有效的爱国主义教育。国家安全、国防意识，从本质上来说也体现着国家意识、国家观念。没有国家安全意识也就没有真正的国家意识，也就很难产生真正的爱国主义情感；没有国防观念，也就很难从理性的高度把握科学的国家观念，因而也就很难使朴素的爱国主义情感向科学和理性的层面升华。随着经济全球化的不断深入，国家安全的内涵与以往相比也有了很大不同，不仅包括政治、军事安全，而且更突出了经济安全，同时又包含科技、文化、信息安全。因而，我们应顺应时代要求，提升与拓展国防教育，树立大国防观念，进行大国防教育，培养科学的国家安全意识。

（四）民族平等团结教育

中国是一个多民族国家，对大学生进行深入的民族平等团结的教育对维护民族团结和国家的稳定是非常重要的。中国共有 56 个民族，虽然各民族的人数有多有少，并不均衡，但是各民族之间相互依存，不可分割，并无高低贵贱之分，每个民族都享有相同的权利，履行相同的义务。在进行这项教育的过程中，首先，要让他们明白 56 个民族都是优秀的、勤劳的、富有智慧的民族，民族之间没有优劣之分、贵贱之别，谁也离不开谁，各民族都享有平等的权利、履行相同的义务；还要让他们明白只有加强民族团结，才能消除民族隔阂和民族歧视，真正实现平等。民族团结也是实现国家统一的前提和保证，要让他们了解民族平等和民族团结是社会稳定、国家昌盛和民族共同繁荣的基础，中华民族是一个同呼吸、共命运的整体，合则兴，分则衰。其次，对大学生进行民族区域自治制度教育，旨在对他们进行民族基本制度教育，在国家的统一领导下，少数民族在聚居的区域内设立自治机关，自主地管理本民族本地区内部事务，行使自治权，从而体现其主人翁地位，发展平等、团结、互助的社会主义民族关系。民族区域自治制度是实现民族平等、民族团结和各民族共同繁荣的法律保障。再次，对大学生进行各民族共同繁荣的教育，要让他们认识到民族地区的现代化与全国其他地区的现代化、民族地区与全国其他地区全面小康的实现是密切联系、相互促进的，各民族的繁荣将使中华民族立于世界民族之林，各民族地区的繁荣将使整个国家的社会主义现代化实现；要让他们认识到各民族共同繁荣是指各民族在政治、经济、文化和社会等各方面得到全面发展进步，而不单单指某一方面；要使他们认识到经济发达民族和地区帮助少数民族和民族地区发展经济文化事业责无旁贷，从而实现共同发展。

总之，弘扬爱国主义精神是中华民族的光荣传统，也是每个中国人的责任与义务。高校除了要做好爱国主义课堂教学工作外，更应当利用网络媒介建立爱国主义教育示范基地，积极宣传爱国主义精神，面对社会发展多样化的趋势，引导学生坚定自己的社会主义立场。以先进的思想政治教育理念代替落后的思想，使爱国主义精神成为推动祖国走上繁荣富强道路的巨大力量。作为高校思想政治教育体系的重要内容，爱国主义教育体现了社会主义精神文明建设的主旋律，明确实现大学生全面发展这一总体目标是为了推动社会主义现代化建设，爱国主义教育具有划时代的历史意义。

第三节　思想政治教育学科建设发展的回顾与展望

思想政治教育是我国的一门新兴学科，尽管设立时间不是很长，但其发展过程中渗透着思想政治教育工作者的辛勤努力和不懈付出，反映着党和国家对思想政治教育学科的重视、扶持。

一、思想政治教育学科建设发展的回顾

(一)思想政治教育学科的酝酿和准备阶段

1980 年 4 月 18～30 日，全军政治工作会议在北京召开，时任中共中央政治局委员、中国人民解放军总政治部主任韦国清提出："政治工作也是一门科学，有其专门的知识。""每个政治干部都要朝着政治工作专门家这个目标，奋发努力。"[①]这引发了一场有关思想政治工作科学化的讨论。

1980 年 5 月 27 日至 6 月 6 日，第一机械工业部和全国机械工会联合召开了思想政治工作座谈会，时任一机部副部长孙友余作报告时说，他曾提议，把社会主义制度下研究发挥人的积极性的这门科学叫作"思想政治工作学"。

1980 年 8 月 11 日，《光明日报》刊登了《思想政治工作是一门科学》的文章，并开辟专栏讨论。

1982 年 11 月，中共中央组织部和中共中央宣传部联合召开全国党员教育工作会议，时任中央书记处书记宋任穷在会议报告中说："要逐步形成一种观念：思想政治工作，党员教育工作，这是一门科学，是一门治党、治国的科学，在这个岗位上的几百万干部要努力钻研这个专业，造就大批思想政治工作专家，去完成新时期赋予我们的任务。"[②]

1983 年 7 月，中共中央批转的《国营企业职工思想政治工作纲要(试行)》提出："中央和地方要筹办以培养思想政治工作的领导干部为目标的政治院校。现有的全国综合性大学、文科院校，各部、委、总局所属的大专院校，有条件的都要增设政治工作专业……造就一大批思想政治工作能手，一大批精通思想政治工作的专家。"[③]

1983 年暑期，教育部召开政工专业论证会，确定学科名称为"思想政治教育学"，学科建设和人才培养所依托的专业名称为"思想政治教育专业"，初步议定课程设置，委托复旦大学、武汉大学等高校编写《思想政治教育学原理》《思想政治教育方法论》等教材。

---

① 韦国清：《抓好党的建设加强政治工作》，《人民日报》1980 年 5 月 9 日。

② 转引自冯刚、骆郁廷：《思想政治教育学科发展 30 年的回顾与展望》，《思想理论教育导刊》2014 第 7 期。

③ 中共中央文献研究室编：《十二大以来重要文献选编》(上)，人民出版社 1986 年版，第 380～381 页。

（二）思想政治教育学科的设立阶段

1984 年 4 月，教育部发出《关于在十二所院校设置思想政治教育专业的意见》，决定采取正规化方法培养大专生、本科生、第二学士生等各种规格的思想政治工作专门人才，并批准南开大学、武汉大学、复旦大学等 12 所高校增设思想政治教育专业，设本科学制，开展试点。

1984 年 6 月，教育部发出《关于在六所高等院校开办思想政治教育专业第二学士学位班的意见》，批准清华大学等 6 所高校开设思想政治教育专业第二学士学位班。

1986 年 5 月，国家教委《关于加强高等学校思想政治工作的决定》中指出："要认真办好思想政治教育专业，包括第二学士学位和研究生班，为正规化培养从事思想政治工作的专门人才走出一条新路。"

1987 年 5 月 29 日，《中共中央关于改进和加强高等学校思想政治工作的决定》中指出："思想政治教育是一门以马克思主义理论为基础、综合性和实践性都比较强的科学。"要求有关院校在办好思想政治教育专业的基础上，"创造条件培养这方面的硕士和博士研究生，为造就从事思想政治教育的专门人才开辟一条新路"。

1987 年 9 月，国家教委印发了《关于思想政治教育专业培养硕士研究生的实施意见》的通知，决定从 1988 年起开始培养思想政治教育专业硕士研究生。同年 9 月，南开大学、武汉大学、复旦大学等 10 所高校独立招收思想政治教育专业硕士研究生。

1988 年 9 月 30 日，党的十三届三中全会原则通过了《中共中央关于加强和改进企业思想政治工作的通知》，明确指出"思想政治工作是一门科学"。

1990 年，国务院学位委员会第九次会议通过了《授予博士、硕士学位和培养研究生的学科、专业目录》，在法学门类政治学一级学科下设"马克思主义理论教育"和"思想政治教育"两个硕士学位授权点。这就为其后的马克思主义理论与思想政治教育学科的建立确立了基本的科学研究取向。

1994 年 8 月 31 日，《中共中央关于进一步加强和改进学校德育工作的若干意见》中明确指出："思想政治教育是一门科学，有其自身的规律。"并提出要加强思想政治教育的科研和学科建设。

1995 年，为贯彻落实《中共中央关于进一步加强和改进学校德育工作的若干意见》，国家教委制定了《关于高校马克思主义理论课和思想品德课教学改革的若干意见》,明确提出要将马克思主义理论教育与思想政治教育作为人文社会科学的重点学科进行建设。

(三)思想政治教育学科的发展阶段

1996年,国家正式批准武汉大学、清华大学设立“马克思主义理论和思想政治教育”的博士学位授权点,同年,中国人民大学的“马克思主义原理”博士点更名为“马克思主义理论与思想政治教育”博士点。

1997年6月,国务院学位委员会、国家教委颁布《授予博士、硕士学位和培养研究生的学科、专业目录》,把原来的“马克思主义理论教育”“思想政治教育”两个学科整合,在法学门类政治学一级学科下设“马克思主义理论与思想政治教育”专业,毕业后一般被授予法学硕士、法学博士学位。

1998年,东北师范大学、中山大学、南京师范大学获准设立马克思主义理论与思想政治教育博士点,全国的博士点达到6个。

2000年,北京大学、华中师范大学、复旦大学3所高校获准设立包括马克思主义理论与思想政治教育二级学科博士点的政治学一级学科博士点。浙江大学、北京师范大学、华南师范大学、南京政治学院4所高校获准设立马克思主义理论与思想政治教育二级学科博士点。

2001年,国家批准设立了马克思主义理论与思想政治教育国家重点学科,中国人民大学、武汉大学、中山大学成为马克思主义理论与思想政治教育国家重点学科首批设立单位。

2003年,吉林大学、中共中央党校获得政治学一级学科博士点,南开大学、山东大学、南京大学等13所高校获准设立马克思主义理论与思想政治教育二级学科博士点。截至2003年,全国马克思主义理论与思想政治教育博士点(含军校)达到28个,硕士点有160多个。

2004年,中共中央、国务院下发了《关于进一步加强和改进未成年人思想道德建设的若干意见》《关于进一步加强和改进大学生思想政治教育的意见》,对思想政治教育学科建设提出了明确要求。

(四)思想政治教育学科的成熟阶段

2005年1月,中央政治局常委会审议通过了《中共中央宣传部、教育部关于进一步加强和改进高等学校思想政治理论课的意见》(即“5号文件”),对加强和改进高校思想政治理论课作出了重大决策和工作部署,是加强和改进高校思想政治理论课的指导性文件。这个文件规定,要建立马克思主义理论一级学科。

2005 年 12 月 23 日,《关于调整增设马克思主义理论一级学科及所属二级学科的通知》(学位〔2005〕64 号)指出:“根据《中共中央、国务院关于进一步加强和改进大学生思想政治教育的意见》和《中共中央关于进一步繁荣发展哲学社会科学的意见》精神,为了加强马克思主义理论体系研究、马克思主义发展史和马克思主义中国化研究、思想政治教育研究,推进党的思想理论建设和巩固马克思主义在高等学校教育教学中的指导地位,加强高校思想政治理论课建设、培养思想政治教育工作队伍,经专家论证,决定在《授予博士、硕士学位和培养研究生的学科、专业目录》中增设马克思主义理论一级学科及所属二级学科。”《通知》规定,新增设的马克思主义理论一级学科,暂设置于法学门类内,下设 5 个二级学科:马克思主义基本原理、马克思主义发展史、马克思主义中国化研究、国外马克思主义研究、思想政治教育。政治学一级学科下的“马克思主义理论与思想政治教育”二级学科调整到马克思主义理论一级学科下,分别归入“马克思主义基本原理”和“思想政治教育”二级学科。如今的思想政治教育学科,即属于马克思主义理论一级学科之下的独立的二级学科。

2005 年,在进行学科调整的同时,国家启动了马克思主义理论一级学科及相关二级学科的独立申报审核工作。

2006 年 1 月 25 日,国务院学位委员会下发学位〔2006〕3 号文件《关于下达第十批博士和硕士学位授权学科、专业名单的通知》,公布第 10 批学位点申报审核结果:到 2006 年 1 月,全国共有 21 个马克思主义理论一级学科通过审核,获准首批设立,另有 34 个思想政治教育二级学科通过审核,成为新增的思想政治教育博士点学科。思想政治教育专业名称在本科、硕士、博士三个层次第一次得到统一,学科地位也有了实质性的提升。

2007 年,中国人民大学、北京大学、武汉大学、中山大学、中国社会科学院马克思主义研究院等 18 个单位被批准设立马克思主义理论一级学科博士后流动站。2009 年,南京大学、南开大学、山东大学、中共中央党校等 16 个单位被批准设立马克思主义理论一级学科博士后流动站。

2008 年,国家批准中国人民大学马克思主义理论一级学科为第一个国家重点学科,批准武汉大学、华中师范大学、南京师范大学、南京政治学院马克思主义基本原理二级学科为国家重点学科,批准中山大学、东北师范大学思想政治教育二级学科为国家重点学科，批准武汉大学思想政治教育二级学科、中山大学和复旦大学马克思主义基本原理二级学科为国家重点培育学科。

至此，马克思主义理论一级学科和思想政治教育二级学科的学科建设逐步规范，趋于成熟。

至于为何要设立马克思主义理论一级学科，我们认为主要原因是：第一，是加强理论研究、提升研究层次的需要；第二，是培养本领域高层次专门研究人才的需要；第三，是稳定队伍、加强队伍建设的需要；第四，是建设中国特色社会主义现代化国家、以马克思主义主导意识形态的需要。

二、思想政治教育学科的发展趋势

(一)思想政治教育学科发展的有利条件

思想政治教育学科的设立、发展过程，与党中央和国家相关部门的高度重视有密切的关系，而国家之所以高度重视，又是因为思想政治教育非常重要。在可以预见的未来，思想政治教育学科将会有一个良好的发展态势。

首先，党和国家的高度重视。思想政治教育学科是政治性最强的学科之一，思想政治教育学科的产生、发展，体现着党和国家的关注、关心和重视。例如，党中央、国务院、相关职能部门曾连续不断地作出决定和发出通知，在对思想政治教育的实施提出要求的同时，确认思想政治教育是一门科学，设立马克思主义理论一级学科和思想政治教育二级学科。可以认为，能被党和国家如此重视的学科，马克思主义理论、思想政治教育学科当属绝无仅有。党和国家的重视与支持，为学科建设与发展提供了重要的保证，创造了难得的社会条件与政治环境。未来由于国家经济、政治、文化、生态建设的发展的特殊要求，思想政治教育学科只会越来越受到重视。这就为思想政治教育学科的发展提供了重要的政策与制度保证。

其次，思想政治教育工作者的积极努力。思想政治教育学科发展到今天，取得重大进展和历史成就，这与广大思想政治教育工作者的积极努力和不懈奋斗有密切联系，体现了思想政治教育工作者的辛勤付出。思想政治教育工作者是一支肯于进取、与时俱进、勇于奉献的队伍。随着学科建设的发展和人才培养的专业化，这支队伍的水平会进一步提高。从当前的实际情况来看，无论是从事思想政治教育教学与研究的教师，还是从事思想政治教育的组织与管理的人员，以及其他相关人员，对思想政治教育的教学、组织实施，已进入追求科学、保持理性的状态，既当作课程去开展教学，当作事业去组织实施，也当作学科去建设、去研究。因此，研究成果大量涌现，研究不断向更深和更广发展。思想政治教育工作者的这种良好状态，为思想政治教育学科的发展提供了重要的人才保证。

最后，良好环境逐步形成。思想政治教育的环境包括内部环境和外部环境。内部环境不必再说，就外部环境而言，各级政府、高等学校对思想政治教育的重视程度不断加强，人财物等物质投入不断增加，良好的物质保证成为常态。有关思想政治教育的研究课题不断增多，研究经费投入不断加大，为思想政治教育的课题研究创造了良好的条件。长期以来，人们对思想政治教育学科建设的认识也由偏颇逐渐转向客观。偏见的产生可能是缘于对思想政治教育学科的不了解，可能是缘于将自身学科与思想政治教育学科对比得出的结论。当思想政治教育的正面作用充分显现时，当思想政治教育的适度科学推进被人们认可时，某些偏见就会被逐步化解。

（二）思想政治教育学科发展中应重视的问题

虽然思想政治教育学科建设有诸多好的条件，但存在的问题亦不容忽视。

首先，正确认识思想政治教育的功能和作用，正确认识加强思想政治教育学科建设的重要性，仍需要一个很长的过程。那些从事实证科学研究的人，往往容易将自己发挥的“硬”作用与思想政治教育的“软”作用相比较，对思想政治教育的作用持轻视和不以为然的态度。一些经济领域中的实体人物往往把物质利益的作用看得很重，而对思想政治教育持可有可无的态度。国内外敌对势力对我国制度、发展道路的否定，往往从否定思想政治教育开始。从事思想政治教育学科建设的人应有充分的准备，他人理解、支持是必要的，他人不理解、不支持，也不应受某些负面议论的影响，反而要用充分的作为，用思想政治教育的有效作用，取得他人的理解与支持，回击敌对势力的挑战。

其次，思想政治教育学科前沿问题跟踪不够，需要加强问题意识。思想政治教育是为解决现实问题而展开的，不是为单纯的研究而研究。思想政治教育学科应坚持问题导向，敢于回应、纠正社会上存在的错误意识形态。目前思想政治教育中存在着为学术而学术，在概念、理论上兜圈子，单纯追求文字的漂亮表达，在研究上空对空。其原因既有科研能力弱的问题，为完成学位论文低水平重复；也有治学不严谨的问题，为评职称“临时抱佛脚”；也有的研究者不但缺乏思想政治教育的实践经历同时也不注重调查研究，虽然参阅了其他作者的一些成果，但是不了解思想政治教育学科的主要研究方向，抓不住问题的实质，进入不了思想政治教育学科的理论前沿。这些问题的解决需要我们改变科研评价机制，克服“唯论文”的倾向，让教师与学生沉下心来阅读经典，把论文写在大地上。

最后，思想政治教育学科的队伍素质尚需提高。学科建设是由人来完成的，人的素质、能力、水平、层次往往决定着学科建设的水平。目前思想政治教育学科建设的队伍总体状况逐渐趋好。其具体标志是，这支队伍逐步趋于年轻化，具有博士学位的人员比例逐年提高，研究能力逐渐增强，研究成果大量涌现。为适应思想政治教育学科建设发展的要求，应重视解决现实中存在的问题，重视和加强队伍建设。思想政治教育队伍应通过的积极作为，赢得社会认可，确立应有的地位，发挥应有的作用。

第二章　习近平新时代中国特色社会主义思想引领学科研究

思想政治教育思想是不断发展的。党的十八大以来，习近平总书记提出许多思想政治教育的新观点、新论断、新要求，作出开展思想政治教育工作的重要部署，为谱写新时代思想政治教育新篇章创造了重大机遇、提供了强大动力。本章主要论述了习近平新时代中国特色社会主义思想的理论价值和现实价值、习近平新时代中国特色社会主义思想融入育人环节的必要性、习近平新时代中国特色社会主义思想对思想政治课的要求及实现路径等内容。

第一节　习近平新时代中国特色社会主义思想的理论价值和现实价值

一、习近平新时代中国特色社会主义思想的理论价值

（一）提出中国特色社会主义进入新时代的重大判断

党的十九大报告强调："五年来的成就是全方位的、开创性的，五年来的变革是深层次的、根本性的。……经过长期努力，中国特色社会主义进入了新时代，这是我国发展新的历史方位。"[①]这不仅仅是对过去成绩的总结，同时也反映着我们现在所处的社会环境和历史条件都已发生了前所未有的变化，因而带来的局面也比过去更加复杂。但从另一方面来看，正是基于此，

① 习近平：《决胜全面建成小康社会　夺取新时代中国特色社会主义伟大胜利——在中国共产党第十九次全国代表大会上的报告》，人民出版社2017年版，第8、10页。

才对我国的国情认识更加准确，对未来所要努力的方向和奋斗目标更为清晰。在新的历史条件下，理论思想的伟大实践，从各个方面都展示出其丰富的理论内涵，毫无疑问，这是一个具有完善逻辑的科学体系，带领中国特色社会主义走入了新时代。

1.这一重大判断是立足于对当代中国国情的新认识

尽管处于新的历史时期，党中央依然明确了我国的基本国情没有发生改变，仍然处于社会主义初级阶段，并将长期如此。这是我国最大的实际，在任何时候都要牢牢立足于此。在新的历史时期，我国的国际地位发生了巨大改变，中国已经不可避免地站在了世界历史舞台之上，影响力与日俱增，我们与要实现中华民族伟大复兴的目标更加接近，这给中国特色社会主义带来前所未有的希望和信心。

中国特色社会主义进入新时代，社会主要矛盾也呈现出新特点。我国社会主要矛盾转变为人民日益增长的美好生活需要和不平衡不充分的发展之间的矛盾。机遇与挑战并存，希望与困难同在。党中央所提出的“八个明确”，为中国特色社会主义实现矛盾转化、转挑战为机遇带来了科学的思想指导。

2.这一重大判断致力于实现中华民族伟大复兴中国梦

中国特色社会主义走到如此有希望的今天，离不开每一个中国人的努力，现在的我们有着充足的信心和不可小觑的能力去完成中华民族和中国人民的夙愿。在这一重要的历史机遇下，必须牢牢抓住新时代，谱写伟大复兴中国梦的新篇章。习近平总书记明确指出中国梦的本质是：“国家富强、民族振兴、人民幸福。”[①]这伟大的愿景将国家的目标、民族的追求和人民的向往牢牢相扣，每个中华儿女都是伟大复兴的组成部分。大道至简，实干兴邦，这一思想是实践基础上的理论创新，将人民放在心上，为实现中国梦作出了全面部署，指明了前进道路，提出了行动指南。

3.这一重大判断贯穿了中国特色社会主义的主题主线

习近平新时代中国特色社会主义思想对过去党执政以来的经验进行总结，并根据社会主义事业发展的特征、人类社会历史的进程概括归纳出我们

① 《习近平在十二届全国人大一次会议闭幕会上发表重要讲话》，2013 年 3 月 17 日，http://cpc.people.com.cn/n/2013/0317/c64094-20816352.html。

党的现状和未来的发展方向，划时代地进入了马克思主义发展的新境界。在主题主线方面，始终坚持中国特色社会主义不变。

中国特色社会主义是一篇需要一代一代写下去的大文章。邓小平理论是中国特色社会主义理论引路人，江泽民、胡锦涛、习近平都是中国特色社会主义理论的书写者。党和国家始终坚持和完善建设社会主义制度、市场经济、先进文化、生态文明，从全面建成小康社会到逐步建成社会主义现代化强国，党的十九大中更是对具体的历史发展阶段和任务作出明确规定，要分两步到21世纪中叶完成目标。中国特色社会主义是一脉相承的，即使在新的历史方位，中国特色社会主义秉持的初心和使命也未曾改变。

（二）坚持了马克思主义基本理论

马克思主义思想方法是世界观和方法论的结合。世界观是对事物的判断和思考事物的基本观点，决定“是什么”“怎么想”；方法论引导人们进行分析和改造世界，解决“如何做”“做什么”。在我们认识和改造世界的过程中，始终要坚持马克思主义世界观和方法论的统一。这一思想中充分体现着马克思主义理论的智慧，将辩证唯物主义和历史唯物主义融合统一，是马克思主义理论所一贯坚持的世界观和方法论具有中国特色的表达和应用。

1.坚持以人民为中心的立场

马克思主义思想区别于其他思想和方法论的根本标志在于能够始终站在工人阶级和广大人民群众的立场上。马克思主义作为工人阶级的科学的世界观和方法论，是科学与价值的统一，政治立场鲜明，从根本上区别于旧哲学和其他思想方法。在习近平新时代中国特色社会主义思想中，习近平总书记再次强调要将最广大人民的根本利益作为检验党的一切工作的最高标准，要从人民的生活去看党的工作，人民的生活水平是否提高，人民的合法权益是否得到维护，要始终坚持马克思主义的人民群众观点和方法。习近平总书记在党史学习教育动员大会上进一步提出“江山就是人民，人民就是江山”，就要坚持以人民为中心的新发展理念。

新的历史时期中，社会主要矛盾的转变也是以人民为中心的最佳说明。我国将人民的满意度和幸福感作为重要指征，坚持依靠人民实现发展，更坚持发展为了人民的幸福，人民所追求的幸福生活是发展的最终目的。人民群众帮助我们取得了中国革命的胜利，也巩固了发展成果，如今，在走向强国道路上更不能离不开人民群众的力量，只有汲取人民的智慧，凝聚人民的共识,我们才能真正汇聚起实现中华民族伟大复兴的中国力量。

2.坚持具体问题具体分析的唯物主义立场

实事求是、一切从实际出发是马克思主义哲学的精髓,同时也是这一思想的精髓。不论过去、现在和将来,我们都要坚持一切从实际出发,理论联系实际,在实践中检验真理和发展真理。这说明实事求是是我们一贯秉持的解决问题的基础和前提。

马克思主义的世界观和方法论从根本上正是对于实事求是思想路线的最佳诠释。对于中国共产党人来说,从事实中寻找真理并非是"纸上谈兵",一百年来,正是由于实事求是、一切从实际出发的思想指导,我们党和国家取得了一个个巨大的成就,最终走到了今天的新时代,这是我们解决现实问题的有力思想武器。同样,在发展的过程中也因为忽略或违背了实事求是而经历了一些挫折和坎坷。从历史的角度来看,中国特色社会主义事业就是实事求是思想的产物。这一思想本身就是坚持实事求是,准确把握客观现实,遵循客观规律所取得的创新成果。"实事"是客观认识中国的国情,明确我国的主要矛盾,对中国问题的正确把脉;"求是"是坚持马克思主义的世界观和方法论,形成"五位一体"全面布局、"八个明确"、十四项方略,探寻解决办法找到对策。这一思想实事求是地为中国和世界贡献了科学方案,带领马克思主义中国化进入新时代。

3.坚持唯物辩证法的思维方式

唯物辩证法要求我们运用辩证法思维和方法来看待和应对问题。新的理论思想在面对中国的具体问题时,并没有固有僵化地死搬硬套之前的老方法,而是运用唯物辩证法,将现阶段的问题与时代特点相结合,正如马克思主义与中国化的有机"嫁接",得出了新时代的理论成果。习近平总书记在十八届中央政治局第二十次集体学习时指出:"辩证唯物主义是中国共产党人的世界观和方法论","必须不断接受马克思主义哲学智慧的滋养,更加自觉地坚持和运用辩证唯物主义世界观和方法论",要求我们提高辩证思维水平,有必要完全掌握唯物辩证法的内容和方法,要理解它是比形而上学唯物主义更辩证,是从客观角度出发,坚持用发展的眼光,全面地而不是观察事物的某一方面,普遍联系而不是孤立地分析,在矛盾和矛盾统一的过程中掌握事物发展的规律,克服极端和单一性去实现对事物的正确认识,科学解决问题。唯物辩证法的学说内容是关于历史发展变化的,视对象为整体,从系统和完整的角度去发现内在矛盾的变化。

物质与意识的辩证关系、矛盾的方法论等唯物辩证理论都是这一思想所强调和坚持的。唯物辩证思维的坚持为中国增强了处理复杂问题的本领。

4.坚持唯物史观的历史思维

唯物史观是马克思主义哲学对社会和历史发展的总的哲学观点和一般方法论,这为共产党人解决一切社会历史问题提供了武器。无可辩驳的是没有正确的领导和成功地运用历史唯物主义,就不可能通过中国革命、建设、改革取得任何重大胜利,从历史与现实中都得以证明。

习近平总书记有意识地结合了生产与生活、人民群众、社会基本矛盾等唯物史观思维,去深刻反映今天的中国以及当今世界重要的理论和现实问题。习近平总书记所强调的历史思维,就是运用历史唯物主义认识历史、把握现实的科学思想方法,体现为对历史的尊重,把现实置于过去、现在、未来的历史发展过程中进行思考,揭示事物发展的必然规律和内在逻辑。① 人类历史发展、党和国家的发展趋势都在历史思维中得到诸多解答,中国特色社会主义的基本规律都在唯物史观的理论中被运用和验证,例如党的斗争历史和建设经验、国内外关系的处理智慧等,这些唯物史观的历史思维体系,对我们理解社会、改造社会的思维方式和工作方式提供了有效指导。

二、习近平新时代中国特色社会主义思想的现实价值

(一)回应了新时代国情的深刻变化

中华民族一路走来历史任务随之改变,人民群众的生活重心在发生转移,国家治理的相关问题在不断补充和完善。这些都是新时代下,我们国家发生的诸多新变化,这在习近平新时代中国特色社会主义思想中都能看到。

从民族发展来看,具有五千多年文明历史的中华民族,带给全人类杰出的贡献。大清王朝的覆灭,封建体制逐渐崩塌,鸦片战争将中华民族带入山河破碎、民生凋敝的境地。民族的复兴成为中华儿女的夙愿。在中国共产党的领导下,中国人民推翻了"三座大山",实现了民族独立和人民解放。到今天,中华民族的伟大复兴已经指日可待。复兴之路变成具体的步骤:先实

① 参见杨煌:《不断提升历史思维能力》,《学习时报》2019 年 4 月 1 日。

现全面建成小康社会,再分两步,到21世纪中叶富强、民主、文明、和谐、美丽的社会主义现代化强国建成。

从人民需要角度分析,人民的意愿已经随着时代的变迁发生了新的转变。在战乱年代,人民需要有国家统一的保障和安稳的生存环境;在和平环境下,人民需要过上温饱生活;物质温饱之后,精神温饱的需求也随之而来。人民的消费需求由“吃得饱”质变到“过得好”,人民不再关心“有没有”的问题,更多考虑“好不好”。经济结构上,人民对于美好生活的需要愈来愈迫切,人民矛盾的转变,正是不平衡不充分的发展造成的。

从国家治理来说,明确提出要坚定“四个自信”。要把“四个自信”融入内心,在思想上坚定起来。同时,强调“五位一体”的总布局、“四个全面”的战略布局。坚持发展好中国特色的社会主义制度,促进国家治理体系和治理能力的现代化;建设中国特色社会主义法治体系,进一步提升依法治国能力。

(二)适应了新时代党情的深刻变化

党的领导是推进新时代中国特色社会主义事业的根本保证。作为马克思主义政党,中国共产党的核心地位必须要突出,先锋队的模范作用要充分发挥。先锋队所代表的是最广大人民的意愿,这是能够形成强大号召力的基础。建党百年来,最根本的保障就是中国共产党的领导,从新民主主义革命的胜利到社会主义制度的建立,再到中国特色社会主义道路的开辟都是最好佐证。中国共产党是中国特色社会主义事业最本质的特征,也是我们制度最大的优势在这一思想中淋漓尽致的体现。

在前进道路上,加强党的领导必须改善党的领导。我们党要始终成为时代先锋和民族脊梁,必须做到自身过硬。如何在新时代坚持和加强党的建设,党的十九大报告中作出了总的安排。党政军民学,东西南北中,全方位、多领域地贯彻在党的领导之下。在党建中最为核心就是政治建设,要抓好政治建设,确保党的先进性和纯洁性,加强长期执政能力建设。牢记理想信念,以此为基,充分发挥全党的积极性、主动性和创造性。个人对于党性原则的坚持正是党的纯洁性的前提,而党组织只有不断加强学习,敢于“刮骨疗毒”才能确保党的先进性。在党建的质量和水平上,领导力建设、思想性加强、群众力号召和社会动员力都是我们国家走过“深水区”,实现复兴的强劲推动力。统筹兼顾,系统推进,把全面从严治党的基本方略落到实处。

第二节 习近平新时代中国特色社会主义思想融入育人环节的必要性

一、深化我国高校思想政治工作的内在要求

习近平新时代中国特色社会主义思想是统意志、凝力量、共奋斗的行动指南，是实现高等教育现代化、建设高等教育强国、引领和深化高校思想政治工作的灵魂。习近平总书记从党的建设和国家发展的全局高度，发表了一系列关于思想政治教育的重要论述，为持续推进新时代中国特色社会主义思想政治教育提供了方向指引和根本遵循。

（一）以习近平新时代中国特色社会主义思想为指导，秉承新时代历史使命

高校思想政治工作是中国共产党思想政治工作的重点，担负教育、培养、引领青年的重要使命。高校思想政治工作一直存在，贯穿了中国共产党从弱到强、从幼稚到成熟的蜕变过程，但其并不是一成不变、停滞不前的，而是不断发展的，在不同历史时期，侧重点均不相同。在五四运动之前，正是在大学生中形成了“星火燎原”般的宣传态势，才锻造出一批改变中国革命面貌的青年马克思主义者。在革命战争时期，因敌我矛盾的复杂性，高校思想政治工作分两条战线进行，一是在根据地的马克思主义学习，二是国民党统治区展开的思想政治工作。中华人民共和国成立后，在过渡时期与全面建设社会主义时期，高校思想政治工作承担改造旧教育与创办新教育的双重任务。新时期，高校思想政治工作承担破除教条主义的思想桎梏，同时也为改革开放和工作重心的转移奠定思想基础。新时代不同于革命和建设时期，是由“富”变“强”的时代，高校思想政治工作要适应新时代，因时而进、因事而为、因势而新，为实现高等教育现代化，为建成教育强国，勇担培养时代新人的历史使命。

（二）以习近平新时代中国特色社会主义思想为统摄，明确新时代根本任务

目标是开展教育的根本动因，有什么样的目标就会有什么样的教育。高校思想政治工作不论在立德上，还是在树人上，都有着不可替代的作用，是高等教育发挥作用的重要环节，是服务于高等教育发展的。回望来路，眺望未来，建立新中国、实行改革开放、挺进新时代，是中华民族实现“三个伟

大飞跃”的“三个里程碑”。当下处于由“富”到“强”的伟大飞跃，这是我们新的历史方位，高等教育要聚焦于“中国梦”，作为高校一切工作生命线的思想政治工作更是重中之重。高校思想政治工作围绕人开展，其宗旨是为人的成长、成才服务的，用习近平新时代中国特色社会主义思想教育学生，提高思想水平、站稳政治立场、孕育道德品质，锻造一批勇担新使命、奋斗新时代、谱写新篇章的时代新人。而个人也在奋斗新时代，书写青春华章的过程中锤炼品格、提升素养、增强本领，聚焦“中国梦”与学生成长辩证统一于中国特色社会主义伟大实践中。

二、创办中国特色世界一流高校的客观需要

（一）习近平新时代中国特色社会主义思想进大学生头脑是践行“四个服务”的重要体现

习近平总书记强调：“我国高等教育发展方向要同我国发展的现实目标和未来方向紧密联系在一起，为人民服务，为中国共产党治国理政服务，为巩固和发展中国特色社会主义制度服务，为改革开放和社会主义现代化建设服务。”[①]习近平总书记掷地有声的宣言对我国高校具有自己鲜明特色的办学和发展轨道作了一个本质性的规定，即我国高等教育必定要走出一条扎根于中国大地、联系现实需求和未来发展方向的特色发展道路。这条道路要凸显我国的独特文化、历史与国情，那么贯彻“四个服务”就是让高等教育这列快车既能高速行驶又能在轨运行的根本所在。在建设世界一流高校时坚持“四个服务”的办学根本，核心是要培养出立志为人民服务，坚定为党奉献终生，敢于投入国家现代化建设洪流中去的人才，最关键的是让学生理论上认知、情感上认同、行为上践行习近平新时代中国特色社会主义思想。因此，践行“四个服务”是保证我国高校沿着正确航线行驶的关键，而习近平新时代中国特色社会主义思想进大学生头脑是彰显这个关键的重要体现。

（二）习近平新时代中国特色社会主义思想进大学生头脑是一流人才培养的关键举措

党的十九大描绘蓝图将基本实现社会主义现代化整整提前几年，提前

---

① 《习近平在全国高校思想政治工作会议上强调：把思想政治工作贯穿教育教学全过程　开创我国高等教育事业发展新局面》，《人民日报》2016年12月9日。

实现国家现代化就必须加强教育现代化，而教育的现代化中，高等教育相对于基础教育、职业教育居于更核心的地位。因此，强国必先强“教”。以建设“双一流”大学为契机，塑造高校一流人才培养体系，提升高校培养一流人才本领，为实现社会主义现代化强国提供智力支撑。我们对高等教育的需要比以往任何时候都更加迫切，对科学知识和卓越人才的渴求比以往任何时候都更加强烈。大国之争，就是教育之竞，终是人才之夺，是世界一流人才之竞争。世界一流人才不仅要有渊博的学识、过硬的专业本领，而且更要有坚定理想信念、正确的政治立场。我国高校是社会主义高校，理所应当应培养出旗帜鲜明地拥护党领导的“红色”人才。因此，坚持习近平新时代中国特色社会主义思想进大学生头脑是高素质人才培养的关键举措。

（三）习近平新时代中国特色社会主义思想进大学生头脑是确保意识形态安全应有之义

习近平总书记强调：“马克思主义是我们立党立国的根本指导思想，也是我国大学最鲜亮的底色。”①高校历来就是意识形态斗争的重要阵地，能否坚持马克思主义一元指导，紧紧抓住意识形态领导权，直接影响着我国高校践行“四个服务”的决心，直接影响着我国高等教育发展方向，事关党和国家的前途与命运。在“双一流”的号召下，一些高校领导干部对意识形态工作重要性及严峻性认识不到位，认为建设世界一流就是与国际全面接轨，就是追赶西方潮流，导致马克思主义被标签化、边缘化、空泛化。西方高校并不是纯粹的象牙塔，意识形态斗争不仅在哲学社科领域，自然科学领域也不能幸免，不要错误地认为马克思主义过时，要到“西天取真经”。建设“双一流”高校，意识形态工作不仅不能弱化，而且更要加强，清醒认识意识形态领导权不能丢、管理权不能放、话语权要稳抓，时刻谨记坚持意识形态马克思主义一元化是“双一流”高校建设的精神支柱。因此，中国化马克思主义最新成果进大学生头脑是建设“双一流”高校的灵魂，是甄别各种社会思潮的思想武器，是确保高校意识形态安全的应有之义。

① 习近平：《在北京大学师生座谈会上的讲话》，《人民日报》2018 年 5 月 3 日。

第三节　习近平新时代中国特色社会主义思想引领学科研究

习近平新时代中国特色社会主义思想贯穿着马克思主义的立场、观点、方法，闪耀着马克思主义真理光芒，展现了当代中国共产党人的政治立场、价值追求、精神风范，具有鲜明的理论品格。习近平新时代中国特色社会主义思想聚焦人的思想、关注人的行为，在思想动员、价值认同、教育指引、道德规范等方面发挥了重要调节功能，对于开展思想政治教育的目标、任务、原则、方法等方面具有重要的引领作用。

一、开展思想政治教育的目标

目标决定发展方向，规定一定时期的主要任务，是衡量成效的重要尺度。习近平总书记对思想政治教育的目标进行了具体论述，形成了根本目标、长远目标和短期目标紧密结合的思想政治教育目标体系。

（一）实现共产主义远大理想的根本目标

思想政治教育是以传导思想、价值、精神等为基础的社会实践活动。因此，在根本目标层面上，思想政治教育与宣传思想工作是一致的。习近平总书记强调，宣传思想工作要“巩固马克思主义在意识形态领域的指导地位，巩固全党全国人民团结奋斗的共同思想基础”[①]。思想政治教育要坚持对马克思主义的信仰，坚持马克思主义的指导地位。学习马克思，就要学习和实践马克思主义关于人类社会发展规律的思想。“两个必然”是马克思、恩格斯运用辩证唯物主义和历史唯物主义的世界观和方法论，在深刻分析人类社会发展规律后得出的科学认识和科学结论，揭示了人类社会必然走向共产主义的发展趋势。共产主义社会的主要特征是人的自由而全面的发展，是人的全面发展的最高阶段，而思想政治教育的实质是促进人的不断发展，其最终目标与共产主义社会的特征保持一致。但实现人的自由而全面的发展需要生产力高度发达、社会物质条件高度成熟和全人类的不懈努力，是一个客观的历史过程。因此，思想政治教育要以实现共产主义远大理想为根

---

① 中共中央文献研究室编：《十八大以来重要文献选编》（上），中央文献出版社 2014 年版，第 533 页。

本目标。

（二）实现中华民族伟大复兴的中国梦是我们的阶段性目标

中国特色社会主义进入新时代，习近平总书记从不同维度提出新阶段思想政治教育的长远目标。党的十八大明确提出"实现社会主义现代化和中华民族伟大复兴"的总任务，以"两个一百年"奋斗目标指引我国社会主义建设的前进方向。面对我国社会主要矛盾的变化，党和国家提出建设"富强民主文明和谐美丽的社会主义现代化强国"目标，因此，思想政治教育的目标重心要以强国目标、实现中华民族伟大复兴的中国梦为指引。思想政治教育要重视培育、弘扬和践行社会主义核心价值观，为实现中国梦注入源源不断的精神动力。思想政治教育要重视党史国史教育，激励人民群众弘扬爱国主义精神和改革创新精神，投身于实现中华民族伟大复兴的崇高事业之中。

二、开展思想政治教育的任务

人是思想政治教育的主体，思想政治教育归根到底是做人的工作，起点在人，终点也在人。[①] 思想政治教育的内在特质决定了思想政治教育的根本任务是解决培养什么人、怎样培养人、为谁培养人这一根本问题。

（一）思想政治教育要以立德树人为根本任务

培养什么人是教育的首要问题。习近平总书记指出："我国高等教育肩负着培养德智体美全面发展的社会主义事业建设者和接班人的重大任务，必须坚持正确政治方向。高校立身之本在于立德树人。只有培养出一流人才的高校，才能够成为世界一流大学。"[②]我国是中国共产党领导的社会主义国家，这就决定了我们的教育必须把培养社会主义建设者和接班人作为根本任务，培养一代又一代拥护中国共产党领导和我国社会主义制度、立志为中国特色社会主义奋斗终身的有用人才。这是教育工作的根本任务，也是思想政治教育的方向目标。坚持思想政治教育为人民服务，引导教育对象开展适应时代特点的实践活动，调动高校学生的积极性、主动性和创造性，

---

① 参见曾文、张耀灿：《现代思想政治教育必须看到人、走进人和发展人》，《思想政治教育研究》，2018年第5期。

② 《习近平在全国高校思想政治工作会议上强调：把思想政治工作贯穿教育教学全过程 开创我国高等教育事业发展新局面》，《人民日报》2016年12月9日。

使高校学生在实践过程中促进自我提升，不断实现自身的全面发展。

“国无德不兴，人无德不立”，习近平总书记高度重视立德树人。党的十八大把立德树人作为贯彻党的教育方针必须落实的根本任务，将立德树人看作教师的责任。思想政治教育根本上是做人的工作。将立德树人融入思想政治教育各环节，贯穿思想政治教育各领域，形成高水平的人才培养体系。深化教育体制改革，健全完善立德树人机制，提升教育服务社会的能力，激发教育事业的生机活力，发挥教育评价的指挥棒功能，提高教育院校机构交流合作开放水平，着重培养创新型、复合型、应用型人才。

（二）坚定理想信念作为战略任务

习近平总书记强调，理想因其远大而为理想，信念因其执着而为信念。加强理想信念教育是大学生思想政治教育的重要内容和战略任务。我们的教育是要培养德智体美全面发展的社会主义建设者和接班人，坚持教育为社会主义现代化建设服务、为人民服务。要持续深入开展中国特色社会主义和中国梦宣传教育，把教育活动体现在学生成长成才各方面，融入教育教学各环节，渗透学生日常生活各领域，引导学生把实现伟大中国梦的满腔热情转化为刻苦学习、努力工作、报效祖国的实际行动。坚持把社会主义核心价值观教育融入思想政治教育工作全过程，深刻阐释社会主义核心价值观的理论蕴涵和实践路径。

三、开展思想政治教育的原则

任何行为举止都有一定的标准和规范，制定标准和规范的关键在于原则的确立，只有预先确立好事物发展的基本原则才能确保方向的正确。习近平总书记关于思想政治教育的重要论述体现了开展思想政治教育的原则。坚持主体引导与客体吸收相结合，坚持知识灌输与价值启发相结合，坚持显性教育与隐形教育相结合等。这些原则体现了知、情、意、行的有机统一，相辅相成，共同推进思想政治教育的发展。

（一）坚持政治性与学理性的统一

我国是中国共产党领导的社会主义国家，思想政治教育是在党的坚强领导下开展的社会主义教育。因此，思想政治教育必须坚持以马克思主义为指导，坚持社会主义方向，遵循社会主义建设规律，贯彻习近平新时代中国特色社会主义思想，培育和弘扬社会主义核心价值观。同时，思想政治教育要以透彻的学理分析回应学生，以彻底的思想理论说服学生，用真理的强大力量引导学生。在思想政治教育工作过程中，要根据形势发展的需要，针对人们的思想实际，从事符合人的思想活动规律、符合思想政治工作规律和社会历史发展规律的事情。① 实践表明，只有真正从学理上弄通悟透，讲清源流、阐明原理，才能够发挥真理的力量，达到正确的政治方向。

（二）坚持主体引导与客体吸收相统一

习近平总书记指出："思政课教学离不开教师的主导，同时要坚持以学生为中心，加大对学生的认知规律和接受特点的研究，发挥学生主体性作用。"②思想政治教育离不开教育主体的引导，要旗帜鲜明地坚持和维护社会主义意识形态的主导地位，要多开展关于理想信念、中国梦、爱国主义、党史国史、中华优秀传统文化、中国革命传统、法纪和廉政文化以及社会主义核心价值体系和核心价值观等方面的教育活动；同时，要坚持以教育客体为中心，加强教育客体对教育内容接受特点、吸收能力、认知规律等方面的研究，充分调动其吸收教育内容的积极性和主动性。③ 这充分说明了思想政治教育工作必须认真研究客体吸收与接受问题才能更有质效。

（三）坚持显性教育与隐性教育相结合

在 2019 年 3 月 18 日召开的学校思想政治理论课教师座谈会上，习近平总书记提出，推动思政课改革创新要坚持显性教育和隐性教育相统一。既要进行显性的思想政治教育，旗帜鲜明地开展教育，例如，开展好全党范围内的"不忘初心，牢记使命"主题教育活动，理直气壮办好学校思政课；也要注意挖掘利用其他教育教学活动中蕴含的隐性思想政治教育资源，于润物无声中开展教育。要充分利用其他课程建设课程思政，利用参观展览活动讲解新时代爱国主义精神，等等。坚持显性教育与隐性教育相结合，实现全过程全领域育人。

（四）坚持理念灌输与价值启发相结合

灌输论是马克思主义的重要原理，也是思想政治教育的基本理论。思

---

① 参见巩茹敏：《从文本透视习近平思想政治教育工作的原则方法》，《哈尔滨工业大学学报》（社会科学版）2017 年第 9 期。

② 习近平：《思政课是落实立德树人根本任务的关键课程》，《求是》2020 年第 17 期。

③ 参见张世飞、王冰冰：《习近平关于思想政治教育的重要论述研究》，《新疆师范大学学报》（哲学社会科学版）2020 年第 11 期。

想政治教育离不开必要的理念灌输，但这并非传统意义上的“填鸭式”灌输，而是重视启发式教育，寓价值观于价值启发教育之中。例如，讲好党史国史故事，通过满足教育对象的好奇心加强理念传授；通过影片、音乐、话剧等方式抓住教育对象的注意力，在不断启发中潜移默化地使其认同思想政治教育理念。

四、开展思想政治教育的方法

方法是理论运用于实践的重要基石，也是将对象与内容有机相连的重要手段。党的十八大以来，习近平总书记关于思想政治教育的重要论述中蕴含着丰富的教育方法，对开展思想政治教育工作具有重要指导意义。

(一)坚持问题导向法

2016 年 5 月，习近平总书记在全国科技创新大会上提出，广大科技工作者要把论文写在祖国的大地上，把科技成果应用在实现现代化的伟大事业中。坚持问题导向是新时代开展思想政治教育的必然要求。问题是时代的声音，坚持问题导向的关键在于拥有善于洞察问题的眼睛及敢于正视问题的态度。思想政治教育实践中首先，坚持问题导向，在实践中发现问题，注重围绕思想政治教育面临的某些特定的或具有紧迫性的现实问题制定政策，使理论更具针对性、高效性和可操作性。但同时要避免只针对问题而不从整体布局的高度出发，要注重理论的科学性、前瞻性、系统性和协调性。思想政治教育实践在发现问题及解决问题中不断得到深化，但实现思想政治教育目标的过程中会遇到更深层次的矛盾和问题。要结合教育客体实际，创造性地贯彻落实思想政治教育的各项部署和方针政策，在各种困难和挑战面前，保持认识上的清醒，及时发现倾向性问题，积极采取应对措施，确保思想政治教育顺利推进，持续平稳发展。在总结思想政治教育的经验教训中发现问题。其次，要善于总结经验教训，认真吸取经验教训，对照现实深入思考思想政治教育面临的新问题、新考验，并及时发现实际工作中存在的问题与不足，敢于正视问题不诿过，努力为开展好思想政治教育创造有利条件。

(二)坚持唯物辩证法

习近平总书记指出：“要学习掌握唯物辩证法的根本方法，不断增强辩证思维能力，提高驾驭复杂局面、处理复杂问题的本领。”[①]正确解决思想政治教育存在的问题，必须运用唯物辩证法科学分析问题，弄清问题的性质，找准症结所在，才能分析得更为透彻，解决起来更具针对性。

一是善于透过现象看本质。在分析思想政治教育问题时，不能迷失在现象的迷宫中，要善于由表及里、透过现象看本质，擅于见微知著、撇开枝节抓根本，长于察形见势、通过繁杂掌握规律。二是坚持具体问题具体分析。思想政治教育存在的不同问题具有不同特点，同一问题在不同发展阶段特征也不相同，因此，需要具体问题具体分析。通过具体分析，弄清问题的覆盖面、紧迫性、难易程度，既不能任意夸大、以偏概全，将某方面的问题当作全局性问题处理，也不可麻痹大意、视而不见，将全局性问题作为一般问题处理，要做到有的放矢、对症下药。三是抓住事关全局的重要问题。要抓住事物的主要矛盾解决关键问题，抓住矛盾的主要方面，找到解决问题的症结点，明确破解问题的主攻方向，牵住“牛鼻子”。例如，关于党员的思想政治教育，要紧紧抓住党性教育问题，不断用党的创新理论武装党员头脑，固本培元。因此，要着眼大局、把握大势，抓住事关全局、事关长远发展的紧要问题，解决关键问题以起到纲举目张的作用，推进全局工作不断向前发展。

（三）坚持文化育人法

习近平总书记非常重视通过文化浸润、感染、熏陶等方式来进行思想政治教育，文化育人是对中华优秀传统文化的继承和弘扬。首先，中国传统文化中蕴含许多优秀的育人哲理和解决教育难题的方法，是广大青年修身的重要理论源泉。我们要善于用中国传统文化以及中国特色社会主义文化来进行思想政治教育。广大青年只有在自己的文化基因中找到精神支撑和信仰才能做到真正的文化自信，才能坚定道路自信。[②] 新时代广大教育作者要积极主动占领网络阵地，掌握网络新媒体发展特点以及网络文化对青少年引领规律从而发挥网络教育功能。

---

① 习近平：《坚持运用辩证唯物主义世界观方法论　提高解决我国改革发展基本问题本领》，《人民日报》2015年1月25日。

② 杨清：《习近平关于青年教育重要论述研究》，南昌大学2020年博士学位论文，第55页。

第三章 思想政治教育先在结构问题研究

从事思想政治教育行为实践活动的教育者，作为思想政治教育诸多要素中的核心要素，以社会、自身和受教育者三位一体构建起来的思想政治教育先在结构，这个先在结构是思想政治教育理解与建构的先行者。它的存在，使思想政治教育成为一个理解性的、互动性的、建构性的活动和过程。在教育主体和接受主体的沟通、互动和理解中，把思想政治教育中的各种动态的、静态的要素有效整合起来，形成一个具有良性循环系统的、科学的、合理的结构。由此，思想政治教育活动在有序的、有效的情况下进行，减少了过程中的各种不必要的教育损耗，思想政治教育的过程组织和方案设计得以优化，确保人们所期望的思想政治教育质量和效果得到更好的、更充分的实现。

第一节 思想政治教育先在结构概述

一、思想政治教育先在结构的概念界定

思想政治教育之所以复杂，不仅是因为思想政治教育要对人的行为发生作用，而且是因为要对人的思想发生作用，而"现实的个人"的主观世界都不是"白板"，而是在具体的思想政治教育开启之前，预先存在一个先在结构。正是由于思想政治教育的要素和结构体系的复杂性，思想政治教育的先在结构也是极为复杂的。

人们一般把先在结构的含义理解为，在人们理解问题、学习知识之前，头脑中先行存在的各种思想要素及其构成方式的组合。这是侧重于受教育者或教育对象角度而言的先在结构。广义地说，思想政治教育先在结构，系

指在进行具体的思想政治教育活动之前已经具有的,直接影响、制约、调控教育过程进行和教育效果生成的各种要素及其构成关系的总和。思想政治教育先在结构是由时代和社会条件,教育者队伍素质,受教育者群体思想政治状况,教育的内容、方法、途径等多方面形成的宏观结构。但本书研究和论述的边界是,教育者如何理解、把握和对待受教育者的先在结构,即狭义的思想政治教育先在结构。选取的视角是把现代思想政治教育看作交互主体双方彼此理解沟通的实践过程,针对思想政治教育教育主体和接受主体之间的关系,从教育者如何通过更有针对性地制定教育目标、教育内容、教育方案、教育方法等做好一系列的教育准备,从提高思想政治教育针对性和实效性角度提出的先在结构。它特指面向将要进行的思想政治教育之前,教育主体秉持历史和时代赋予的思想政治教育理想目标和社会期待,在对受教育者思想状况和发展规律了解掌握的情况下,其思想中所先行具备和构建起来的前有要素、先见视角和意愿图景的总和。其实质是以教育者的视界“把握了受教育者的思想结构”,是两者相互作用的结果。作为本研究核心概念的“思想政治教育先在结构”,除特殊说明外,均是在上述意义上使用的。

第一,思想政治教育的先在结构尽管被投射了社会、教育者的动机和意图,但毕竟是人们在以往社会文化背景和思想政治教育实践经验基础上形成的一种既定的思想现实。它的现实性是不容置疑的。

第二,思想政治教育的先在结构是在思想政治教育自我反思的前提下,基于那些构成思想政治教育内在规定性的各种要素,以历史赋予思想政治教育的特定视角所进行的“自我理解”的现实反映。它凝结着社会或一定社会集团在思想政治教育经验反思中形成的目的性理想追求。在李德顺主编的《价值学大词典》中,把“前理解结构”或“理解的前结构”定义为,在人的实际理解发生之前就已存在的、能无意识地带给人的一种理解问题的视野。[①] 与此不同,思想政治教育的先在结构可能蕴含无意识的因素,但总体性质更倾向于一种有意识的建构。它基于教育者的视野,经过教育者与受教育者以及教育者与思想政治教育其他要素的对象化的“沟通”,在思想政治教育目的和思想政治教育价值之间作出具有明确目的性和前提性的预期。它内

① 参见李德顺主编:《价值学大词典》,中国人民大学出版社 1995 年版,第 521 页。

在蕴藏着思想政治教育发展走向的未来性，在思想政治教育“目标—过程—实效”的因果链条中发挥着影响、规定和制约作用，成为思想政治教育得以可能的深层动因。教育者正是秉持思想政治教育的这种目标视野，在特定的教育场域中引导教育对象进入思想政治教育循环，使思想政治教育中人的因素，即教育者和受教育者（教育主体和接受主体）彼此之间能够有效沟通理解，思想融合一致，进而完成思想政治教育过程。

第三，一定时期思想政治教育运动的结果，都将形成新的先在结构，从而成为思想政治教育新的历史起点和逻辑起点，因而具有指向未来和走向未来的“教育准备—教育效果”的性质和意义。所以说，先在结构既是前提，又是条件，也是要素，更是使自身生成新结构的基础。它在思想政治教育活动开始之前即已观念性地牵涉进思想政治教育的存在和运动之中。借用海德格尔（Martin Heidegger）的话说，在“从它本身的可能性来领会自己本身”的同时，它“或者自己挑选了这些可能性，或者陷入了这些可能性，或者本来就已经在这些可能性中成长起来了”。①

二、思想政治教育先在结构的本质阐释

思想政治教育先在结构具有多重属性和认识价值。在这里，我们择其要者，进一步说明思想政治教育先在结构在思想政治教育的多维诠释中的丰富的本质内涵，以便于加深对思想政治教育先在结构的理解。

第一，先在结构是思想政治教育精神生产的基础条件。教育本质上是一种精神生产活动。作为生产精神、思想、道德等精神产品的思想政治教育，是人类的一种自我完善、自我提升、自我超越，这种完善、提升、超越使人们自身在掌握自己主观世界的同时，更合理地掌握自身以及自身与他人的关系，形成在社会中生存的观念认知和价值选择。从这个意义上说，思想政治教育的先在结构也是人们把握世界的一种重要方式。先在结构即是这种精神生产实践活动所需的思想形式的生产资料以及生产方式发挥作用必备的动力能源。我们进行思想政治教育之前，必须存在一些已有的、既定的准备性基础条件才能开展活动。“巧妇难为无米之炊。”先在结构好似进行思

① ［德］马丁·海德格尔：《存在与时间》（修订译本），陈嘉映、王庆节译，生活·读书·新知三联书店2006年版，第15页。

想、道德等精神生产所必备的原材料，只不过它不是有形的，而是无形的，是精神生产所必不可少的基础和条件。

第二，先在结构是思想政治教育系统工程建构的摹本蓝图。教育过程是教育主体把教育内容向着教育目标要求的方向传递给接受主体。这种信息传递过程好似一项“工程”，在“施工”之前必须有规划的“摹本”或“母本”，而现实的思想政治教育是这种“母本”的现实转化形态。先在结构就是集中反映思想政治教育战略工程的“蓝图”和“愿景”的结构化要素集合体。它集合了进行思想政治教育活动所必需的思想要素，架构起一个目的性的、系统化的计划蓝图，使思想政治教育过程依循思想政治教育目标所规定的各项指标进行，进而形成趋近于教育目标的教育效果。这种计划性、前瞻性正是思想政治教育先在结构的“先在”本性的体现。倘若没有这样的蓝图和规划，思想政治教育就会出现缺乏目的计划和组织规范的状况，这不仅大大损耗教育成本，达不到思想政治教育实效，还可能产生许多负面效应。因而，思想政治教育先在结构成为思想政治教育系统工程的功能性的前提要素，它是否合理直接关系到思想政治教育的最终质量和实际效果。从长远来看，它能够为我们制定教育方针、政策提供必要的理论和实践依据，其战略价值是不容忽视的。

第三，先在结构是生活实践聚焦在思想政治教育中的体验结晶。思想政治教育先在结构，既表现为时间上的“先”，因为它是当下思想政治教育的前提；又表现为时间上的“后”，因为它是既往思想政治教育的后果。从这个意义上说，这种先在结构是思想政治教育实践过程继往开来和承前启后的中介。李小鲁在其著作《教育作为人的生存方式》中深刻阐释了“教育是人的生存方式”的理念。袁贵仁在为其书所作序中指出：“教育，作为人的一种普遍的生存实践活动，它承担着人类自身再生产的重要功能。”[①]教育不仅是知识传递的过程，也是生命与生命在交流中理解生命、体验生命的过程。作为人们现实生活的重要组成部分，思想政治教育实际是人们置身于生活世界的一种生命体验的场域，而先在结构表征了人的内心与外部世界沟通的类本性和集体精神。就像杜威(John Dewey)说的那样，“教育科学的最终现实性，不在书本上，也不在实验室中，也不在讲授教育科学的教师中，而是在

① 李小鲁：《教育作为人的生存方式》，广东教育出版社 2007 年版，序第 2 页。

那些从事指导教育活动的人们的心中”[①]。先在结构是引发思想政治教育体验的内在动因，也是教育体验的一种向度。刘惊铎在《道德体验论》中提出，体验是一种图景思维活动。他指出：“‘图景’是一种跨越时空的有机的整体性存在，它同时包含着个体人过去的生活阅历、当下生活场景之生命感动和未来人生希冀的蓝图，其显著特征是整体性、现场性和超越性。”[②]可见，体验融合了主体的生命情感和生活经验，是思想政治教育的重要认知方式。先在结构是主体感受思想政治教育生活体验的结晶以及在体验中展现出来的图景。

第四，先在结构是时代精神在思想政治教育中的文化折射。作为历史性实践的思想政治教育，一定程度上彰显着人类历史轨迹的文化积淀。先在结构就是人类世代文化传承凝结在思想政治教育实践中并通过现实境遇得以彰显的文化映射。文化是人类生命活动延续的结果，每个时代反映出不同的文化特质，每个时代的文化又必然受到来自历史传统的影响。文化的历史在现实的境遇中积淀下来，成为人类生活总结的同时也被赋予了时代精神。思想政治教育的先在结构反映着历史传承下来的文化积淀，为历史的文化底蕴所观照，并且在现实氛围中彰显着时代的个性。历史与现实的撞击，使思想政治教育凝结在历史长河之中成为历史事件。先在结构是思想政治教育时间性和空间性的最初表达，它成为思想政治教育在历史传承与现实发展之间对话的桥梁，使我们能够在把握思想政治教育的历史和现实的前提下，有力地推进思想政治教育的发展。

第二节　思想政治教育先在结构面临的困境

一、工具理性高位与价值理性缺位引起结构失衡

德国社会学家马克斯·韦伯提出“合理性”概念，并将合理性分为两种，即价值理性和工具理性。价值理性强调动机的纯正和选择正确的手段去实现自己意欲达到的目的，而不管其结果如何；工具理性也称“目的理性”或

① John Dewey, *The Sources of a Science of Education*, New York: Horace Liveright, 1929, p.32.
② 刘惊铎：《道德体验论》，人民教育出版社 2003 年版，第 60～61 页。

“行使理性”，强调行动只由追求功利的动机所驱使，纯粹从效果最大化的角度达到自己需要的预期目的，漠视人的情感和精神价值。这二者所侧重的条件和标准有根本不同，一旦不居其位，就会出现问题。当前学校教育存在的主要问题是工具理性盛行，价值理性式微。在教育中，具体表现为只重视让学生知道怎么做是有效的，不重视让学生知道怎么做是有益的；只重视让他们知道“成本—收益”的计算，不重视让他们明白什么是善恶美丑。这也就是工具理性高位和价值理性缺位所造成的思想政治教育先在结构的失衡。

从教育主体的角度讲，持有工具理性会在一定程度上提高思想政治教育的效率，使思想政治教育迅速达成预期目的，但是这种工具理性会使教育目标过于程式化而染上功利色彩。它对教育目标和教育过程的限定过于精确，缺乏教师传授知识的自主性和灵活性以及对于生命价值的关照和关切，从而缺乏对于生命本真的思考和人的精神长远意义的建设，它给思想政治教育活动带来的弊端是显而易见的。在工具理性控制下，思想政治教育者不是知识的创造者，而是固定知识的传播者和灌输者，他们的职责是将既定的知识内容完全地传授给受教育者，而不追问他们所教授的知识和受教育者的生活之间的内在关联性何在，更不问及这种知识与自己的生活世界之间的关系何在。这样一来，课堂的教学和传授就成了教师完成职责和任务的“实验场”，而不是作为生命感悟和生活实践的“体验场”，搁置了受教育者的生活意义追求。在这种思维方式的限定下，知识成为一种外在于人的东西，取代了人本身成为教育的核心和主导，教育也蜕变成了一种纯粹的致知手段和工具。[①] 有学者形象地描述道：“我们的儿童就像羊群一样被赶进教育工厂，在那里无视他们的独特个性，而把他们按同一个模样加工和塑造。教师们被迫或自认为是被迫去按别人给他们规定好的路线去教学。这种教育制度既使学生异化了，也使教师异化了。”[②]金生鋐更是鞭辟入里地说道：“现代教育中教化的隐退和规训的在场，形成了教育对人的新的控制，这种控制导致人的新的奴隶化状态，这意味着教育对人的职能化与工具化，也意味着教育越来越成为一种异化人的实现外在目的的工具。现代教育失去了

---

① 参见[法]皮埃尔·布迪厄等：《实践与反思：反思社会学导引》，李猛等译，中央编译出版社 1998 年版，第 1 页。

② 陈友松主编：《当代西方教育哲学》，教育科学出版社 1982 年版，第 119 页。

精神的培育性，越来越成为一种处置人、算计人的手段，它只是造就人的物性、扩张人作为物和工具的性能，使人更多地物性地面对世界，技术性地对待、处理生活和生活世界。”[①]这就失去了对于价值理性的反思，片面追求眼前利益和直接利益，以应对考试、升学、毕业为目的，而忽视了学生思想品德的长远发展以及将来进入社会所需要储备的各种精神素质。

从教师的教育传授过程来看，一方面，表现为“提出千篇一律的目的，忽视个人的特殊能力和要求，忘记了一切知识都是一个人在特定时间和特定地点获得的”[②]，思想政治教育目标过于统一化、外在化、程式化，缺乏对于学生具体思想的实际观照，忽略对于学生的长久生活和人生幸福谋划的价值关怀。另一方面，表现为教师的教育严重缺乏自主性和灵活性，逐渐产生教学的产业链效应，使教育场域过于封闭而缺少内外信息交换和更新。由此我们头脑中建构起的先在结构也出现了结构失衡，目标的长远性和价值性程度不高，对于学生和教育目的的理解和认识浮于表面，对于教育的先见视角和立场失之偏颇。

事实上，思想政治教育活动是有具体情境的，教师不同，教育主体不同，对教育目标的理解和认同不同，教育效果也是有差异的；学生受众的特质不同，接受主体的理解接受的能力也不同。尽管如此，我们可以把握的一个相同的目标就是在运用各种教育手段进行思想政治教育实践的同时，要关切受教育者自身需要什么样的教育，我们的思想政治教育对于学生的未来发展和现实生活究竟能有哪些帮助，而不是单纯出于功利心地看分数、看成绩，只顾眼前，不顾长远。正所谓好的教育就是教给学生如何成为他自己，而绝不是整齐划一地完成任务以使教师自己心安。扪心自问：倘若那样的话，我们如何能够心安？

二、脱离生活世界与忽视生命体验造成认同障碍

目前，思想政治教育出现认同障碍的一个重要原因在于严重脱离生活世界。思想政治教育被一些学生看作冰冷的机器，制造了学生的学习痛苦。这根本的原因就是教育内容远离教育主体的生活实践，教育的组织形式过

① 金生鈜：《规训与教化》，教育科学出版社 2004 年版，第 3 页。

② ［美］杜威：《民主主义与教育》，王承绪译，人民教育出版社 1990 年版，第 114 页。

于死板。教育者的“高高在上”的地位,使教育者与受教育者的矛盾更加突出,甚至出现激化,僵硬的理性和知识,自上而下的教学课本的规定和设置,易于失去对生活本身的意义探寻。当前存在的主要问题是“学习与现实世界脱节;过分以事实知识为评价基础,因而重视的是‘再生产性’学习;视图书馆为储藏书本之处;视大学为实质上的职业培训之地”①,从而导致教育的畸形发展,“学校从一个智慧、知识、道德的传导、熏陶场所,变成了等级化的机构和发放学历证书的场所。普遍存在于教育过程中的考试,远远超出了它的评价和改进教育手段的功能,形成了它自身无法胜任的主宰和导向作用。同时,激烈的竞争导致了普遍的厌学情绪,学生的寄托于学校的梦想破灭了,面对的是他们不愿面对的无边的考试、无聊的重复和无情的筛选”②。这种现象在基础教育中更为严重。因为有升学的压力和应试的现实,我们可以看到,学校、家长、社会和学生自己都不重视思想政治教育。从小学的思想品德课,到中学的思想政治课,思想政治教育的课时被所谓的“主科”挤占、挪用的现象十分严重,从考试的分值上也差距悬殊。由于考试分值和课时上的差异,学生自然而然地感觉到中学的政治课没有其他科目那么重要,觉得对于自身的发展关系不那么紧密,至少认为对于自己目前来说关系不大。特别是小学生和初中生,他们的世界观、人生观、价值观尚未形成,他们对于自己的人生意义和长远发展还没有概念,只是能够知道自己眼前要完成哪些作业,做哪些活动;而高中生面临高考升学的压力,大学生面临毕业就业的压力,即使他们对自己将来想成为什么样的人有一定的自我意识和长远规划,抑或有些学生能够意识到思想政治教育对于自身未来发展的深远影响,但也都因面对现实的压力,很难把思想政治教育的课业和学习作为重点,学习的时间和精力保证不了,自然就难以收到好的效果。

此外,从教育内容和教育组织形式上,思想政治教育课本身有严肃性和政治性,一旦脱离学生的日常生活,就会使他们觉得缺乏生命体验,进而产生厌学情绪和排斥心理,造成思想政治教育的认同障碍。哈贝马斯(Jürgen Habermas)曾指出:“达到理解是一个在可相互认可的有效性要求的前设基

---

① [美]克里斯托弗·纳普尔等:《高等教育与终身学习》(第3版),徐辉、陈晓菲译,华东师范大学出版社2003年版,第170页。

② 袁振国:《教育新理念》,教育科学出版社2002年版,第155页。

础上导致认同的过程。”[①]理解的根本目的就是实现认同。倘若认同出现障碍，思想政治教育的实际效果就无从谈起。

事实上，人的生活世界作为人们实践活动的产物，从未与教育相脱离，只是由于传统思想政治教育的思想灌输、政治教导，再加上不得不进行教育选拔的应试教育制度，受教育者在学习意识、心理以及对未来生活的建构和设计方面缺少直接的现实基础，只能被动地接受教育和学习内容，缺少主体性和能动性，失去了独立人格前提下对生活经验的适应性和创造性，结果在学习结束之后，仍然无法面对外在的生活世界，也就越来越不喜欢，没有兴趣，甚至产生排斥和恐惧心理。就像有的学者所说，“在理论叙事和实践话语中逐渐泛化而‘异化’，它逐渐亲近权力理性而疏远人性，走向口号而失去生命体验，它最终从人那里逃走，远离人的生活而失落，人则失去了心中的精神家园。因此，如何从生存论出发把思想政治教育还纳于人自身，成为个人私人的事情，这是思想政治教育得以扎根复位的根基所在”[②]。当然，教育是一种社会公共行为，这里所谓“个人私人的事情”，实际上体现的是对于公共行为如何服务于个体私人生活的态度。也就是说，公共行为要致力于个体内心和行动的内化与外化的统一，因为个体对于公共事务的理解往往是复杂的、有限的，但对于自身生活的体验则是更为简单的、真切的、实际的。正如《学会生存》一书所讲的那样，“大多数教育体系并不是有助于教育者——无论我们是青年还是成人——去认识他们自己，去理解他们个性中有意识和无意识的组成部分，去理解大脑机制、智力活动、支配身体发展的规律、梦想和抱负的意义、他们互相之间的关系以及他们和整个共同体的关系。因此，教育忽视了教人如何在社会中生活、热爱生活并从事工作的基础职责；而人们必须创造这个社会，作为他们的体现”[③]。这提示我们，任何教育都不能成为一个完全平行和独立于人的生活世界之外的事物。思想政治教育先在结构是由理想信念教育、政治时事教育、道德修养教育、心理素质教育、民主法治教育等内容织就起来的结构框架，绝对不限于以传授知识为目的，更要让人们懂得生活、创造生活、创造社会。要致力于教给人们如何

① ［德］哈贝马斯：《交往与社会进化》，张博树译，重庆出版社 1989 年版，第 3～4 页。

② 胡沫：《思想政治教育的生存论意义》，《教育学术月刊》2009 年第 7 期。

③ 联合国教科文组织国际教育发展委员会编著：《学会生存——教育世界的今天和明天》，华东师范大学比较教育研究所译，教育科学出版社 2002 年版，第 94～95 页。

参与政治生活，如何加强德行修养，如何更好地适应社会、更好地参与政治实践和社会生活实践。

三、泛化交互主体与遮蔽交互对象导致前提缺失

主体间性或是交互主体性是教育者在判断受教育者如何接受教育的时候，尊重受教育者的主体地位，发挥他们的主动性和能动性而构建起来的双主体的关系。这是基于一定的背景，针对长期以来“填鸭式”的模式，使教育主体与客体的矛盾对立突出，过分强调教育者权威，忽视受教育者角色地位而展开的探讨。人们因此倡导交互、对话、沟通，强调尊重的教育、平等的教育。的确，传统的“填鸭式”教育把学生看作纯粹的客体，当作顺从地接受知识、储存知识的“容器”。这种教育掩盖了人的精神存在的特质，背离了教育作为精神建构的属性。所以学界重新审视“填鸭式”的传统教育模式的弊端，强调尊重受教育者的能动性，发挥他们的主动性和主体性，反对用填鸭的方式对受教育者进行“对象化”，于是学界广泛掀起研究主体性和主体间性的热潮。那么，思想政治教育中到底有没有客体？客体是谁？实践是面向对象的活动，没有对象，思想政治教育何来的有目的、有计划的实践活动？没有对象的实践是虚无的，只有主体而没有客体的矛盾关系是不存在的。不见了对象，思想政治教育也就失去了起码的意义，因为我们找不到了可以寻究的前提。我们不能因为传统“填鸭式”教育忽视了受教育者的主体性而否定受教育者作为教育对象的客观存在，不能为了强调受教育者的主动性、能动性，凸显受教育者的接受主体地位而矫枉过正地泛化交互主体的含义，视而不见、闭口不谈教育客体、教育对象。

在看到思想政治教育存在的教育主体和接受主体的“交互主体”的同时，我们也要看到，他们同时也是思想政治教育活动中的“交互对象”（“交互客体”）。思想政治教育实践本身就是教育主体将教育信息作用于教育对象的改造和创造活动。“人和物并不天生就是主体和客体，由于在事物的相互作用中的地位的不同，人和物都可能是主体，也可能是客体。”[①]思想政治教育的客体可以是教育内容、教育信息、教育资源等物的形式的客体，也可以是思想政治教育对象等人的形式的客体。有些学者称传统的思想政治教育

① 郭湛：《主体性哲学：人的存在及其意义》，云南人民出版社2002年版，第12页。

的“对象化”把受教育者作为客体，从而忽视了教育对象的能动性和主体性。这是对“对象化”本意的误解。实践就是一种对象化，对象化本身没有问题，关键在于教育主体要对象化什么，以及如何对象化。教育者不仅要把教育内容、教育环境等作为教育客体，还要把受教育者的思想和教育者自身的思想作为对象来认识。此时，针对“交互主体”，出现了“交互对象”，这种对象不是单纯意义上的对象，是针对主体的主动性和能动性的对象，并且这种对象也是交互的。教育者在关注交互主体的时候，容易忽视把自身的思想条件和受教育者的思想条件作为对象进行对象化。缺少对于教育前提的认识，不是因为人们没有意识到思想政治教育需要准备条件，而是由思想要素组织起来的思想结构存在于人自身，人对自身的对象化要比对于外物的对象化困难得多，容易把这些准备看作理所应当的、无可厚非的、不证自明的东西不予理喻。这遮蔽了一个事实，我们的行为是如何发生的？我们想要的效果是什么，它如何产生？“认识你自己”，这句古希腊德尔斐神庙门楣上的古老箴言显得意义深远，意味悠长。它亘古不变地警示着人们，认识外物的同时更重要的是认识自己，把自身作为对象进行对象化的认识。这里的“人”是一个类属概念，不仅指认识自己以外的他物，还包括认识自己以外的他人。当教育者在进行教育实践时，其所面对的对象（受教育者）也同样是“人”。受教育者自身具有能动的思想，教育者把握受教育者的思想是有难度的，再通过各种思想要素对受教育者的认识进行整合更不是容易的事情。这就决定了对于思想政治教育工作者而言，思想政治教育这种具有政治、道德和伦理性质的精神产品的生产十分复杂，教育者需要在进行教育之前做好充足的教育准备，有意识地明确这种精神生产的基础条件是什么，才能有的放矢地利用好这些条件和资源，在思想政治教育实践中充分发挥它们的作用。

第三节　思想政治教育先在结构的重构

马克思指出：“人的思维是否具有客观的真理性，这不是一个理论的问题，而是一个实践的问题。人应该在实践中证明自己思维的真理性，即自己思维的现实性和力量，自己思维的此岸性。”[①]因而，思想政治教育先在结构的理想化形态仍然要在现实的实践中进行建构。

一、增进关系方式匹配的结构建构

发生心理学家让·皮亚杰说：“当诸因素统一在一个具有整体特殊性的整体之中，以及诸因素的性质完全或部分地依靠这种整体的哪些特征之时，就有了一种结构。”[②]先在结构中参与思想政治教育理解接受过程的主要要素各有特点，在理解接受过程中发挥的作用各不相同，对理解接受效果可能产生的影响也各有差异。认知的、逻辑的、情感的、价值的、审美的等各类不同的要素交织在一起，对思想政治教育理解发挥的主辅作用的向度、水平、张力都有差别。[③] 因而，我们要积极探讨如何正确把握先在结构参与理解的内在要素及其向度，这是建构理想化思想政治教育先在结构的关键一环。

我国学者唐孝威提出了“意识涌现的相变模型”来解释意识现象。他认为，当外界的感知信息进入大脑皮层时，就会引发皮层各个脑区的神经活动，最终使得一些脑区进入激活状态，这些脑区的激活水平随着输入信号强度的增大而提高。当一个脑区的激活水平达到它的意识临界条件时，此激活脑区的活动就进入我们的意识经验，而那些激活水平低、没有达到意识临界值的脑活动则构成了无意识的脑活动。[④] 唐孝威指出，脑区激活与相互作用的基本单元是神经元簇，它是脑内神经联结结构和功能模式选择性活动的主体。脑区激活与相互作用的动态特性——脑区在不同时刻的激活程度以及传递信号特性随时间的变化而变化。不同刺激产生神经元簇选择性的专一特征表达，使神经元簇具有高度的整合性。[⑤] 因而，我们要积极探讨如何正确把握先在结构参与理解的内在要素及其向度，激活不同要素带来的不同刺激之间的联系，使它们之间的关联方式更加相符合、相匹配，这是建构理想化思想政治教育先在结构的关键一环。

有学者专门探讨了思想政治教育有效性的“结构匹配”途径，论述了思

① 《马克思恩格斯文集》第1卷，人民出版社2009年版，第503～504页。

② 转引自曹世敏：《品德结构的文化研究》，《教育理论与实践》1996年第6期。

③ 参见费多益：《“感受质”及其研究进展》，《哲学动态》2009年第1期。

④ 参见唐孝威：《心智的无意识活动》，浙江大学出版社2008年版，第33～34页。

⑤ 参见费多益：《“感受质”及其研究进展》，《哲学动态》2009年第1期。

想政治教育的有效性取决于教育对象与教育目标、方法、内容和情境等诸多因素有机整合的匹配关系。[①] 这对我们进行理想性先在结构的建构，从增进关系方式匹配角度提供了理论启发和借鉴。学者吴建新和杨光玮在《"结构匹配"在思想政治教育中的应用》一文中有相关论述。(1)在促进教育目标与教育对象接受程度之间的匹配方面，他们谈到，道德教育必须根据学生道德发展不同阶段的实际来实施，既不能低于也不能高于他们现有的道德发展水平。不符合教育对象现有认知水平的道德教育是不可能有教育意义的，更不可能促进其道德发展。思想政治教育中个体的道德思想水准增长同样也遵循着"阶段式"循序渐进的规律。当教育者对教育对象实施思想政治教育的时候，也应该把握教育对象已有的思想道德水平，制定相应个体的思想政治教育的阶段目标，并将总体目标具体化，用阶段目标的理念进行思想政治教育，即为教育对象每一年龄阶段、每一种发展水平拟定出思想政治教育的具体目标。在此基础上，进一步激发教育对象的思想道德认知冲突，打破原有的思想道德认知平衡，使教育对象在更高的水平上重新整合。(2)在促进教育方法与教育对象之间的匹配方面谈到，思想政治教育方法是思想政治教育者在引导思想教育对象的思想、行为发生预期变化的过程中所运用的方法，也是思想政治教育者与思想政治教育对象之间真正确立教育与被教育关系的纽带。思想政治教育方法的这种纽带作用使其在思想政治教育者与思想政治教育对象特定关系状态的形成中具有关键性意义。适当的、合理的、科学的方法，有助于思想政治教育者与教育对象之间良好的沟通，有利于交流、引导、教育关系的确立；反之，不恰当的方法则会导致思想政治教育者与教育对象之间形成僵化、互逆、对抗的关系，由此导致思想政治教育中教育与被教育关系应有功能的丧失。只有与教育对象的思想状况和接受特点相匹配的教育方法，才可能成为有效的方法，才可能推动思想政治教育有效性的实现。(3)在促进思想政治教育内容与思想政治教育对象之间的匹配方面则谈到，思想政治教育的内容与对象的匹配关系通过两个方面表现出来：一方面，思想政治教育者依据其所深刻把握到的教育对象的既有思想状况与接受特点对教育内容进行重新编制，实现教育内容由思

① 参见吴建新、杨光玮：《"结构匹配"在思想政治教育中的应用》，《西安电子科技大学学报》(社会科学版)2007 年第 5 期。

想理论体系到由这种理论体系加工而成的教育信息体系的转换，从而达成教育内容与教育对象的匹配，提高教育对象对特定教育内容的接受能力与接受效果，促成思想政治教育有效性的实现。另一方面，思想政治教育者根据教育对象的既有思想状况及思想倾向，为实现特定的思想政治教育目的选择特定的教育内容，以达成教育内容与教育对象的匹配，促成教育对象在教育内容的影响下形成思想政治教育目的所指向的思想政治素质，从而促成思想政治教育有效性的实现。这一意义上的教育内容与教育对象的匹配，有如我们在平常生活中经常提及的"对症下药"。思想政治教育内容与教育对象的这种匹配性要求思想政治教育的内容要具有真理性、真实性、透彻性、契合性等特性。只有科学规划和编制与教育对象相匹配的思想政治教育内容，思想政治教育的科学化、有效化动作才会不断增强实现的可能性。(4)在促进思想政治教育情境与思想政治教育对象的匹配方面还谈到在思想政治教育活动中，思想政治教育情境为思想政治教育活动的开展、为思想政治教育对象初步印证其所接受的思想意识的正确性等提供具体场合，渗透、体现思想政治教育的目的、内容，为思想政治教育者与思想政治教育对象之间的教育与被教育关系的确立及其教育互动的进行提供着精神的或物质的纽带和载体。思想政治教育情境与教育对象的匹配关系，即思想政治教育活动所依托的情景氛围与教育对象思想意识形成规律、思想意识接受规律的匹配和吻合。这一匹配关系的重要表现即思想政治教育者与教育对象之间友好、平等、信任、宽容、尊重等关系的形成。这种关系确立与否，直接影响着教育对象在整个思想政治教育活动中主体性是否得以发挥及发挥的程度，影响着教育对象在整个思想政治教育活动中的接受状态，教育对象的接受状态也同样反过来制约着教育者的施教状态。①

以上学者的有关系统论述，对思想政治教育目标、方法、内容和情境等要素与教育对象匹配关系的分析，体现出以人为本的思想政治教育理念，启示我们思想政治教育实效性的重要层面，是要尊重受教育者的思想发展规律，科学合理地将思想政治教育要素与教育对象相匹配，即相对应、相适应，这样才可能使思想政治教育在更为合理的条件下进行，优化了思想政治教

① 参见吴建新、杨光晧:《"结构匹配"在思想政治教育中的应用》,《西安电子科技大学学报》(社会科学版)2007 年第 5 期。

育的要素功能,从而为思想政治教育实效性的达成做好充分的准备。

由此,对于理想性的先在结构的建构,从增进关系方式匹配的角度,我们可以进一步作如下分析:

第一,思想政治教育先在结构的目标指向要与思想政治教育规律相匹配,与受教育者思维发展层次阶段相适应。教育者在制定思想政治教育内容的时候,要遵循教育规律,内容的设定不能与实践相脱节,对于思想政治教育对象的思想道德预期要符合思想发展规律、道德发展规律和心理发展规律。科尔伯格对道德认知发展阶段层次进行了划分,说明人的心智和思想道德发展水平是分层次、分阶段由低级向高级循序渐进的。思想政治教育要根据学生思想和道德发展不同阶段的实际来制定不同程度的教育目标。教育目标的制定要符合受教育者心理和思想的发展水平。只有遵循受教育者思想发展的阶段性规律,分层次、分阶段制定相应的教育目标,才能使所制定的目标适应性更强,以此作为目标指向所形成的思想政治教育先在结构才更具科学性、合理性。这就要求我们在制定教育目标时,杜绝主观臆断地盲目实践,要全面了解和把握受教育者思维发展的层次和阶段,制定过高的思想政治教育目标,不能使受教育者有效接受,甚至可能造成教育无效,这对教育资源是损耗和浪费;制定过于保守的教育目标,则使学生容易产生厌倦心理,不能满足学生对于知识和思想的好奇心及探究精神,失去学习兴趣和学习热情,从而丧失学习的积极性和自主性。因而,各个阶段层次适度、适合、适切地制定教育目标,是优化先在结构关系匹配的一个重要方面。教育目标的设置,一是要分清阶段,二是要分清主次,三是要分清梯次。分清阶段主要指思想政治教育先在结构的目标指向要针对不同教育层次的受教育群体设置。分清主次主要指在各种教育目标之间,重点有所突出,根据各层次、各阶段受教育群体的整体状况,依循教育发展规律,强化相应阶段目标的针对性和实效性。分清梯次主要指各层次、各阶段之间要既有区别又有联系,既有过渡又有衔接。比如在全教育体系框架内,基础教育各层次之间的衔接,初级阶段教育向高级阶段教育过渡,幼教、小学、中学、大学、继续教育等各层次之间的衔接。

第二,思想政治教育先在结构过程要素所整合出来的方案框架要与思想政治教育实践途径相匹配。思想政治教育先在结构所构建起来并相应表达出来的思想政治教育方案框架,要在对于受教育者思想状况了解掌握甚至调研的情况下，进一步加以构造，坚持实事求是的原则和态度，符合实际情况，内容设计与思想政治教育对象的思想水平和接受能力相匹配。这就要求我们对于思想政治教育对象先进行调研了解，在此基础上分析受教育者或接受主体能够接受的程度，探讨接受的途径，避免违背教育规律，盲目施教，确保先在结构所架构起来的教育教学方案的有效性。手段方法与思想政治教育对象的思维习惯、兴趣热点和审美能力相匹配。实践表明，每位思想政治教育对象不同，其使用的方法不尽相同，甚至截然相反。孔子往往根据弟子不同性格对同一问题给出不同的回答，较好地运用了因材施教的方法。思想政治教育只有采取与教育对象的思想状况和接受特点相匹配的教育方法，才可能成为有效的方法，才可能推动思想政治教育有效性的实现。

总之，思想政治教育诸要素之间是否具有相应的匹配关系，直接关系到思想政治教育有效性能否实现及其实现程度。在思想政治教育中，我们要努力实现上述思想政治教育诸要素之间“结构匹配”的相应性与思想政治教育有效性的统一。这应是我们追求的思想政治教育的一种理想境界，为实现思想政治教育理解建构之路找寻到一个支点。

二、强化运行机制调适的系统建构

钱学森指出：“在现代高度组织起来的社会，复杂的系统几乎无所不在；任何一种社会活动都会形成一种系统，这个系统的组织建立、有效运转就会成为一项系统工程。”[①]先在结构是思想政治教育系统内部一个子系统，运行中要加强对它内部系统的调适，也要加强它与思想政治教育整体系统相适应的调适。教师精心准备的可能在教育过程中用不上，或是指向性不对，这就要作出相应的调整。这与美国教育家和心理学家斯克里文提出的一种“目标游离”的评价模式相近。我们在评价时仅将注意力集中在预定目标相应效果上而忽视其他的副效应，很容易使评价人受方案制定者所确定的目的的限制。这很像我们平时老百姓所说的“计划没有变化快”。也就是说，再缜密的计划也会有疏漏，因而任何计划都是一种可能的假设，都是需要批判和明证的。这就需要采取一种即时调适的方法，根据具体的实际情况和

① 钱学森等：《论系统工程（增订本）》，湖南科学技术出版社1982年版，第108页。

运行情况，对目标加以修改和调整，以弥补目标的缺陷。这也是我们反复强调先在结构不是僵死之物而是动态之物，必须在完整的教育过程中才能完整地认识把握先在结构的原因。因此，斯克里文建议把评价的重点由“方案想干什么”转移到“方案实际干了什么”上来。优化接受主体的先在结构，实质就是在思想政治教育活动的过程前、过程中、过程后，善于分析每个思想政治教育阶段的方案“实际干了什么”，实际产生了哪些影响，从而进行有效的动态调节。建构理想化的先在结构给教育者的工作提出了更高要求。教育者首先要客观把握思想政治教育先在结构的真实状况，教育过程中随时监控先在结构的“生成状态—反馈机制—重构能力—外化趋向”的能效链条并适时调试，在实践中不断确认是否已经对先在结构作出准确的把握，保证教育趋向理想效果的同时形成优化的策略和方案。

三、完善整体队伍素质的主体建构

一切抽象玄奥的哲学思想最终都会落实到社会与人生问题上来，这也是思想政治教育哲学作为社会科学的品格和修养。理想化的先在结构彰显了哲学对人类思想的终极关切，但最终要落实到现实的人和现实的社会生活中，贯彻到现实的思想政治教育行为实践活动中。换言之，任何先在结构都要最终落实在教育主体自身的实践上来。提高教育主体的思想政治素质，是提高实效性的根本。思想政治教育主体的思想政治素质的高低，直接决定了思想政治教育场强的大小，素质越高，场强就越大。场强的大小，与作用力的大小成正比，就是说，思想政治教育主体的思想政治素质越高，其主体场的场强就越大，他对受教育者产生的影响就越大、越深刻。因此，要想提高思想政治教育的实效性，首先就要提高思想政治教育主体的思想政治素质，它既包括理论素质，又包括业务能力。建构理想化的先在结构，离不开对现实生活的考察，离不开对人的思想实际的考量。所以先在结构的理想建构根本的是要从教育主体的自身素质入手，建设一支高水平、高层次的教师人才队伍，正所谓“让社会上最优秀的人都进入到教师队伍中来”。教育者的素质十分重要，倘若教育者本身存在对于思想政治教育的不认同甚至是排斥或反对，有的甚至有人格和心理上的障碍，就有可能在对受教育者进行教育的过程中流露出自身的思想倾向，从而影响受教育者的价值判断和选择。因而建构理想化的先在结构，首先要强化教师队伍的培训。此外，要充分调动和发挥社会和学校的作用，给教师队伍建设提供政策、制度和财力方面的保障，建立起一支多层次、多梯度的教师队伍，比如，思想政治教育一线教师、思想政治教育行政管理工作者、思想政治教育研究者等多层次人才以及具有博士、硕士学位的研究生人才队伍，并且从学校的制度体系和管理体制上，要分层次、全方位地进行，实现思想政治教育先在结构建构体系的制度化和规范化。

四、突出监控体系评测的制度建构

近些年来，我国思想政治教育研究较为重视思想政治教育的评估与评价。所谓思想政治教育评价，就是根据我国思想政治教育的社会主义性质和要求，通过系统地搜集资料和对资料的定性和定量分析，对思想政治教育活动过程及其效果作出的价值判断，以促进思想政治工作的改革和完善的一种方法。[①] 思想政治教育评估体系是指由各个评估指标相互区别、相互联系的能够反映思想政治教育效果的指标整体结构。思想政治教育需要有一整套的评估体系，同样，思想政治教育先在结构也需要系统的评估体系，建构科学的、系统的监控评测体系是优化思想政治教育先在结构的重要途径，尤其是要形成一整套制度体系，以使先在结构的评测监控获得长远的、稳定的政策保障。

突出监控体系评测的制度建构，需要把握几个方面：

第一，在建构原则上突出务实与务虚相结合。务实主要指的是针对整体的思想政治教育先在结构的状况，在把握其运动变化发展的规律的基础上，实事求是地进行分析评判，保证评估指标体系的科学性、可行性、可比性、有效性。不能片面夸大先在结构现实状况所存在的问题，也不能盲目对先在结构的不合理状况加以回避。要与高校实际相联系、与学生实际相联系，绝不能流于形式。制度建构切忌假大空，有战略规划，但也要能够把握好全局与微观的关系、引领与落实的关系，具有可操作性，能够反映出思想政治教育工作的实效，使各层次、各部门的思想政治教育工作者都能够易于理解和掌握，根据出台的政策展开评测。务虚主要指的是必须抓住评估体

---

① 参见王茂胜、邵莉莉：《思想政治教育评价的科学内涵及其特征》，《学校党建与思想教育》2002年第21期。

系中的根本问题、战略问题，有问题意识、目标意识和引导意识，保证评估指标体系的导向性、动态性、渐进性、积极性。

第二，在建构理论上突出形而上与形而下相结合。一方面，要加强对于先在结构评测体系的深入研究，用理性构建的方式把握先在结构的理想状况，不断创新理论，使对于思想政治教育先在结构的认识更加具有理论支撑和学理支持。另一方面，要积极开展对于各层次思想政治教育平台实践中的先在结构的现实状况调研，展开实证考察，深入到具体的实际情况，制定具体的方法和途径，建立和完善一整套与思想政治教育先在结构发展水平相适应的评价机制，可以大大提高思想政治教育工作的实效，对思想政治教育先在结构未来发展作出筹划和决策起到重要作用。

第三，在建构方法上突出定性与定量相结合。综合运用多种评价手段，有利于使思想政治教育先在结构评测体系更加规范化、系统化。哲学社会科学领域的研究探索，主要以定性分析来把握概念。对于思想政治教育先在结构的评测，要在定性的基础上凸显定量研究，通过统计数据进行分析判断，可借鉴采用大数据思维方法，加强定量分析的有效性，以弥补单纯定性分析所带来的过于概念化、笼统化等方面的不足，使体系建构更加富有科学性和有效性。思想政治教育所指向的是可变性更大且具有较强反复性的思想意识。这就要求思想政治教育决策者在决策过程中留有余地，保留更大的可调性空间，更偏重于定性的决策，不能过分追求精确的量化，使之在具有质的确定性的同时，允许存有量的模糊性。建立完善的思想政治教育先在结构的监控平台和评测体系也是如此。要突出评价目的的发展性转变，突出评价指标体系的完备性和可测性，强调以自我评价为主体的多元化评价方法。建构评价体系要避免工具化、功利化、形式化，还要避免过于精确或者过于笼统。要注重评价标准的相对统一以及评价主体的多元化。采取多维评价模式，例如过程性评价和终端性评价相结合、定性评价和定量评价相结合、自我评价与他人评价相结合、个体评价与集体评价相结合等方式。

第四，在建构体系上突出全面系统与特色模式相结合。这里主要是在制度的构建上，要全面把握思想政治教育先在结构系统内部需要监控评测的指标，主要包括思想政治教育的要素指标、过程指标、效果指标等。对于评估指标体系的权重关系要加以分类分项的具体化、细化。比如，对思想政治教育主体的评估，可细化到对思想政治教育工作部门的评估、对思想政治教育工作队伍的评估、对思想政治教育效果的评估、对思想政治教育工作素质的评估等。再如，对于先在结构的要素评估，针对一个主体的一方面要素，如对道德要素进行细化评估，可以包括对道德动机系统、道德调控系统、道德能力系统进行监控评测。

由此可见，建构起科学、合理、有效的监控评测体系是一项复杂的系统工程，它是相对系统地体现教育公平和公正的一种手段方法。建立科学的监控体系和评测体系，确保先在结构的不断完善优化，并且以制度来保证其有效发挥作用，是未来需要进一步深入探讨和解决的重要问题。

五、营造良好外围气氛的环境建构

马克思曾说："既然是环境造就人，那就必须以合乎人性的方式去造就环境。"①创设优越的思想政治教育环境对于思想政治教育先在结构的理想建构十分重要。它不是先在结构的内在调适，而是先在结构的外在保障。思想政治教育环境包括思想政治教育的政策环境、社会环境等。教育者引领受教育者进入具体的思想政治教育情景，统筹资源，开发和创设环境的任务就显得极为重要。创造出一种鼓励知识主体发挥合作精神的环境，以达成默契与协调也尤为重要。

国家依靠发展经济，为先在结构建构提供足够的资金支持和物资保证；社会营造良好的政治气氛和稳定的政治局势，为先在结构提供良好的外界氛围；学习为思想政治教育先在结构营造和谐的环境，使教师能够在一种祥和的气氛中发挥自身的意识能量，在实际工作中发挥效果。以上这些各司其职、各尽所能，就能促使思想政治教育先在结构的理想化预设成为可能。

① 《马克思恩格斯文集》第1卷，人民出版社2009年版，第335页。

第四章　思想政治教育公共性问题研究

思想政治教育公共性问题是思想政治教育研究问题的重要组成部分，本章首先分析思想政治教育公共性理论的基础知识，接着进一步分析思想政治教育公共性的时代境遇以及思想政治教育主客体的公共性，最后分析改革背景下的思想政治教育公共性话语研究。

第一节　思想政治教育公共性理论基础

一、政治文明理论

政治文明不是由某一单一的要素构成，也不是由诸多要素杂乱地堆积而成，而是由不同要素构成的一个协调有序的社会政治系统。由于人们对政治文明的概念在理解上存在差异，对政治文明的结构要素的构成自然也有着不同的概括。那么，政治文明的结构到底由哪些要素构成？对这一问题的追问实际上涉及政治文明结构的要素构成的标准问题。政治文明的结构是一个由各要素稳定联系组成的有序结构，因此，对政治文明结构要素构成的考察既不能疏漏，也不能交叉重复，就是说既要充分考虑政治文明结构的整体性，又要注意政治文明结构的包容性。基于此我们以为，政治文明的结构至少应由以下四个方面构成。

第一，政治意识文明。众所周知，政治文明是人类政治生活的一种进步状态，这种进步状态首先表现为一种精神状态。因为政治主体有了一定的政治意识，才能建立政治制度，做出相应的政治行为。因此，政治意识在政治文明结构中地位举足轻重。政治意识作为政治领域的精神现象，它是政治生活和政治活动的心理反应，是人们在特定的社会条件下形成的政治态度、政治情绪、政治认识、政治信念、政治习惯和政治价值的复合存在形式。这里所指的政治意识文明，是进步的政治意识，是人类政治意识进化和发展的成果和状态。因此，政治意识文明不仅包括文明的政治思想、文明的政治心理、文明的政治意识形态，还包括文明的政治道德——政治行为的心理规范。

政治意识对于政治主体的影响是隐性的，它作为一种无形的精神力量影响着政治主体。因此，政治意识不仅仅是作为政治文明系统中的一种隐性结构而存在，而且它占有着极其重要的地位。之所以说政治意识文明在政治文明结构中的地位极其重要，其主要原因有两个方面。

第一个原因从政治意识是政治制度和政治行为的灵魂来分析。这种灵魂显性地存在于政治思想，政治制度总是在政治思想的指导下建构的，人们的政治行为更是直接受到了政治思想的指导。反过来也可以说，在人类的政治生活中不可能有不受政治意识指导的政治制度和政治行为，或者说没有不内含政治意识指导的政治制度和政治行为。政治意识是政治制度和政治行为的灵魂不仅表现为显性的存在，还表现为隐性存在的政治心理、政治意识形态等。政治心理作为政治意识的深层结构，虽然说政治心理是政治意识的初级阶段，但政治心理对于人们的政治制度和政治行为来说作用甚大。主要表现为两方面：其一，政治制度的建立和维持的潜在力量是政治心理；其二，人们的政治行为离不开政治心理的中介环节，即人的行为作用于外部世界无不受到政治心理和意识的支配。政治意识形态基于社会政治能够比现在更好的理念，对人们的政治行为的影响是显而易见的。政治意识形态不是一般的政治意识，它具有一般政治意识所没有的规范性和系统性，因此，政治意识形态对于凝聚人心、号召和鼓舞民众作用明显。此外，政治意识形态通过提倡什么和反对什么，使社会成员不得不接受主流意识形态的教化。因为，不接受主流意识形态，就难以获得社会的认同。

第二个原因是政治意识文明直接影响其他政治文明构成要素的发展程度。政治意识文明中政治心理和政治道德水准是政治文明产生和发展的基础，政治心理是人们做出政治行为的中介环节，人们的政治行为和政治制度的建立无不受到政治心理的影响。政治道德不仅仅是指政治家的职业道德。从广义上说，政治道德就是政治生活中调整人与人之间的政治关系、规范人们政治行为的心理规范。政治道德不仅调整与规范人们的政治行为，实际上,政治道德对于整个政治文明的发展有着特别重要的作用,这一点在民主政治时代体现得尤为明显。毋庸置疑,民主政治是一种文明的政治,民主政治相对于专制政治而言,它更需要以道德为后盾。因为,民主政治不能再沿用专制时代的统治方式,离开了政治道德往往是政治统治丧失合法性的根源。

第二,政治制度文明。政治制度文明和制度文明不能混淆,制度文明的外延更广,不仅包括政治制度文明,还包括经济制度文明、文化制度文明等。政治制度是反映政治关系和政治行为的规范体系,是政治文明的制度载体。人们在比较社会进步时,往往是以政治制度的进步程度作为基本标尺。政治制度其实就是一种政治运作规则。从广义上说,这种政治运作规则不仅包括政体制度和法律制度,还包括国体制度。狭义的政治制度是指政体制度和法律制度。

政治制度文明在政治文明结构中居于核心地位。因为,在马克思主义政治的思想中,政治是在特定社会经济关系及其所表现的利益关系基础上,社会成员通过社会公共权力确认和保障其权利并实现其利益的一种社会关系。即政治说到底是掌握国家政权的阶级或集团,按其所代表的利益整合社会和协调各种关系与矛盾,以使社会秩序得到稳定,促进社会发展。政治制度是关于人们在政治关系中的行为规范体系,它决定着政治生活中的人们居于什么样的地位。政治制度在具体的运行过程中,以国家强制力为后盾,并通过这一后盾来处理政治权力如何分配和行使这一根本政治问题。

一般说来,完整的制度构成主要包括四个要素:价值观念、规则、组织和设备。从制度构成的角度说,政治制度文明主要由政治理论文明、政治规则文明、政治组织文明和政治设备文明构成。政治理论文明是政治主体在政治生活中高度的抽象概括,是系统的、先进的政治思想学说。政治规则文明是调整各种政治关系和政治行为的规则,既包括正式的政治规则文明,也包括非正式的政治规则文明。政治组织是社会中具有共同利益的成员为了某种政治目的而形成的政治共同体。政治组织的设置、职能及运行原则、组织目标等的进步状况都可以总称为"政治组织文明"。政治设备文明是指政治主体为了达到某种政治目的,借以用来进行统治和管理社会的先进的器具。政治文明这四大要素相互依赖、相互制约、相互关联、互为补充,每一文明要素的发展必然带动其他文明要素的发展。

第三，政治主体文明。政治主体是政治文明的创造者，因而构成政治文明的核心和关键。政治文明主体的性质直接决定了政治文明的性质，其文明状况又直接决定了政治文明的状况。政治主体往往是指在政治意识驱动下从事政治活动，维护和追求根本性利益的人或组织。在政治文明还处于低级阶段时，政治主体往往是由少数人组成，大多数人的政治主体性地位并没有得到确认。即便是在古希腊的城邦民主的雅典，政治主体也只是城邦内的自由人。到了中世纪专制制度下，人的政治主体性更是丧失殆尽。所以，马克思指出："专制制度的唯一原则是轻视人类，使人不成其为人……专制君主总把人看得很下贱。""哪里君主制的原则占优势，哪里的人就占少数。"①政治主体由少数人的游戏到多数人的参与，则是政治文明进入到高级阶段的产物，即民主政治。民主政治时代，政治主体的文明主要包括三类：第一类是政府文明。按照马克思所阐述的巴黎公社的"工人阶级的政府"文明来看，政府文明主要特征有：政府机构的精简、地方自治、政务公开、监督政府、官员民选等。第二类是政党文明。没有政党，民主政治是不可想象的。正是政党创造了民主，而没有政党，现代民主是无法想象的，就是说民主政治离不开政党。但政党要创造民主政治，首先自身要民主。只有政党自身是民主的，才能创造民主和领导政治文明。第三类是公民文明。公民文明是和民主政治紧密联系在一起的。公民的经济上独立的财产权利、政治上的民主权利，离开了民主政治是难以想象的。公民文明是检验政治文明程度的重要标志，公民文明状况主要表现在公民所拥有的民主政治权利上，这些政治权利主要有：政治参与的权利、言论自由权利、主权在民等。

第四，政治行为文明。政治主体具有文明的政治意识并不足以说明政治主体就是文明的，因为政治文明是需要通过政治行为切实地表现出来的。政治行为文明显然是动态的，它是政治主体在政治意识驱动下，在政治制度规范下的政治具体实施过程和表现形式。换言之，没有政治行为文明的政治文明不仅是残缺的，而且是死的。社会成员的利益千差万别，使得政治行为的表现形式也多种多样。政治行为具体的主要表现形式有：政治斗争、政治统治、政治管理、政治参与。每一种政治行为又有许多具体的政治行为，如政治参与就有投票、公民结社、政治对话、信访、请愿等。这里需要指出的

① 《马克思恩格斯全集》第1卷，人民出版社1956年版，第411页。

是，政治管理和政治统治不同。政治管理存在于人类社会的一切形态，从原始社会起，政治管理就已经存在，在未来社会中，政治管理仍将存在。政治统治则是阶级社会的产物，并随着阶级的消亡而消亡。政治统治和政治管理的主体、客体及方式都存在着明显的不同。简言之，政治统治往往涉及的是国家的性质问题，而政治管理涉及的则是国家的形式问题。从根本上说，判断政治行为是否文明的关键，是看这种政治行为是否代表了社会中绝大多数人的利益。显然，那种只反映和维护一部分人的利益，而损害社会绝大多数人的利益的政治行为，实质是一种政治反动。在现代民主政治社会中，政党作为民主社会活动的主体，理所当然地成为政治行为的主要承担者和关键环节。不过，政治行为也不仅仅体现为政党行为，公民的政治行为文明也尤为关键，其集中表现为公民的政治参与意识、政治参与的规范程度等方面。

二、马克思公共性的视域

（一）劳动：马克思公共性视域生成的逻辑起点

如果要对马克思的公共性思想进行考察，劳动这一概念是基础。因为以共产主义为目标的社会主义实践正是人类历史上人民大众的事业，以工人劳动者阶级需要为核心利益的大多数人的公共性正是马克思主义创始人那里所揭示出来的最基本生活维度。马克思注意到，工人的劳动不同于以前人类历史上的劳动，它是工人的主体性地位的确立。“工业的历史和工业的已经产生对象性的存在，是一本打开了的关于人的本质力量的书。”[①]马克思正是通过从工业化生产方式的剖析，根本上修正了以少数人利益（尤其是近世以来资产阶级市民社会阶层为代表）和话语霸权为基础的“狭隘的文化公共性”信仰和实践。对无产阶级劳动的政治经济学考察，无不包含着对无产阶级命运的深切与倾情关注，致力于建构和创造一种新的理想性“公共性社会”。

从思想史的角度说，马克思对工人阶级劳动的洞察与黑格尔对于劳动的论述有着极其紧密的联系。俞吾金指出：“黑格尔辩证法的伟大之处在于他是以劳动作为载体的，而黑格尔所理解的世界历史，正是通过这种劳动的

① 《马克思恩格斯全集》第 3 卷，人民出版社 2002 年版，第 340 页。

辩证法而展示出来的。”[①]马克思对黑格尔的劳动辩证法给予了高度评价：“黑格尔的《现象学》及其最后成果——辩证法，作为推动原则和创造原则的否定性——的伟大之处首先在于，黑格尔把人的自我产生看作一个过程，把对象化看作非对象化，看作外化和这种外化的扬弃；可见，他抓住了劳动的本质，把对象性的人，现实的因而是真正的人理解为他自己的劳动的结果。”[②]但马克思同时又对黑格尔的劳动辩证法的不足有着清醒的认识：“他只看到劳动的积极方面，而没有看到它的消极方面。劳动是人在外化范围内或者作为外化的人的自为的生成。黑格尔唯一知道并承认的劳动是抽象的精神的劳动。”[③]和黑格尔不同的是，马克思辩证法是以所关注的现实的劳动为载体的辩证法。马克思发现，在私有制特别是资本主义私有制占绝对主导地位的背景下，现实的劳动总是表现为异化的劳动。“因为全部人的活动迄今都是劳动，也就是工业，就是自身异化的活动，人的对象化的本质力量以感性的、异己的、有用的对象的形式，以异化的形式呈现在我们面前。”[④]就是说，马克思的辩证法是以社会实践的基本形式的异化劳动作为载体的，而造成这一异化劳动的根源正是资本主义的生产关系。

但是对于如何消除这一异化劳动的根源，阿伦特（Hannah Arendt）和马克思给出了完全不同的解决方案。不同于阿伦特希望来自行动的，在全新方向上突然降临的拯救，马克思通过共产主义革命的方式拒绝了浪漫主义的解答。在马克思看来，只有扬弃私有财产（人的自我异化）的共产主义社会才能最后克服异化劳动，使之上升为自由自觉的活动。[⑤]站在马克思的立场，无产阶级正是在创造历史的实践中，获得对现存政治条件的自然意识和理解，成为自己解放自己的历史主体，主动地决定他们自己的生活方式，马克思的公共性思想正是在这里得以生成。而当阿伦特批判马克思的劳动概念时，她实际上犯了双重错误：一方面，错误地理解了马克思的劳动概念；另一方面，错误地以为马克思所讨论的劳动概念是抽象劳动。就前者来说，马克思的劳动概念并不是生物学意义上的生存活动，而是制造产品的对象化

---

① 俞吾金：《再论异化理论在马克思哲学中的地位和作用》，《哲学研究》2009年第12期。

② 《马克思恩格斯全集》第3卷，人民出版社2002年版，第319～320页。

③ 《马克思恩格斯全集》第3卷，人民出版社2002年版，第320页。

④ 《马克思恩格斯全集》第42卷，人民出版社1979年版，第149页。

⑤ 参见俞吾金：《再论异化理论在马克思哲学中的地位和作用》，《哲学研究》2009年第12期。

活动。这一点正是马克思从黑格尔精神现象学那里继承下来的重要成果。就后者而言，对马克思来说，从来就没有一个单独的、孤立的生命生产阶段，一定的生产方式或一定的工业阶段始终是与一定的、共同的活动方式或一定的社会阶段联系着的。在这个意义上，马克思无疑超越了阿伦特等存在主义哲学家。这正如海德格尔指出："因为马克思在体会到异化的时候深入到历史的本质性的一度中去了，所以马克思主义关于历史的观点比其余的历史学优越。但因为胡塞尔(Edmund Gustav Albrecht Husserl)没有，据我看来，萨特(Jean-Paul Sartre)也没有在存在中认识到历史事物的本质性，所以现象学、存在主义也没有达到这样的一度中，在此一度中才有可能有资格和马克思主义交谈。"①

(二)"公共人"的终极关怀：马克思公共性视域的人本立场

马克思对人的考察超越了费尔巴哈等对人的抽象式的理解，这也正是马克思人学思想从根本上不同于传统的人学思想之处。在马克思人学思想产生之前，传统的人学理论对人的理解是抽象的。他们或诉诸如抽象的人性，如把理性、感觉、意志等共性特征作为人的永恒不变的人性，并以此来解释人和社会。或诉诸如经验直观的先验理性，即把人性看作一种外在于人类社会的存在，每个人只能趋向于它。所以说，传统的人学思想家们对人的理解只能是一种抽象的，即抽象出人的某一种特性，使其以具象化的理念展现抽象化的理解，如人性善、人性恶就是传统人学思想家们抽象出的人的某一种特性，并使其以共相化的理念出现的。而且他们还从这种公共人的公共的规范和第一原理预设出发，揭示人的认知、道德和生活等问题。说到底，这种对人的公共理念的理解还是在一种抽象的人的意义上得到解释。

与这种对人的抽象的理解不同，马克思则从一个全新的视域阐释了他的公共人的理念，颠覆了传统的人学思想，因为马克思的公共人关怀不仅是从人的实践活动出发来解释人的存在和人的世界，而是在主体和客体、主体与主体、主体与自身的关系中来把握人的本质②，更深入到资本主义生产方式维度中去。具体而言，马克思不仅不满意于黑格尔的国家与社会的抽象二分，而且对青年黑格尔派仅仅在自由主义传统内把握市民社会及其发展

① 孙周兴选编：《海德格尔选集》上卷，生活·读书·新知三联书店1996年版，第383页。

② 参见贾英健：《公共性视域——马克思哲学的当代阐释》，人民出版社2009年版，第171页。

也甚为不满。于是他从现代性社会中分离出资本主义社会，在将市民社会把握为物质生活关系并确证市民社会对国家决定性作用的前提下，通过批判和超越西方启蒙运动及自由主义传统，通过推进激进民主和社会革命运动，展开了对资本主义市民社会政治与政治经济学的批判，进而将社会与世界矛盾积极地理解为社会主义生成过程。站在这个维度上，我们发现马克思的公共人理论抱负的实现路径是：个人的解放，群体的解放（阶级解放），人类的解放，最终实现马克思所说的“自由人的联合体”。或者说群体的解放即政治解放是不够的，还要通过废除国家和私有制实现社会解放，才能实现《共产党宣言》中所说的：“代替那存在着阶级和阶级对立的资产阶级旧社会的，将是这样一个联合体，在那里，每个人的自由发展是一切人的自由发展的条件。”[①]就是说，马克思所理解的公共人是一种由人的实践活动所建构的关系中的公共人。

所以，马克思人学革命不仅实现了从抽象的人向现实的人的转变，而且马克思对现实的人的阐述是着眼于人之为人的共同性的规定，并从人与人之间的社会历史关系中把握这种公共性，进而形成了以公共交往和公共关系为理念旨趣对现实的人的公共规定。具体而言，马克思对公共人的阐述主要从以下三个方面展开：首先，人是对象性的公共存在物；其次，人是总体性的公共存在物；最后，人是价值的公共存在物。

第二节　思想政治教育公共性的时代境遇

改革开放以来，中国发生了前所未有的历史性变化，社会正在从传统社会向现代社会转型。社会学社会转型理论认为，社会转型本质上是社会结构的转变[②]，那么，社会经济结构、文化形态、价值观念的变革，使得社会各阶层和广大人民群众的生活方式、行为习惯和精神面貌都会发生变化。思想政治教育作为一种社会实践，社会的转型也使思想政治教育领域分歧不断，出现了育人公共性面向失衡，公共价值观教育难度加大，公共空间异化等现象，导致了思想政治教育公共性实践活动开展陷入困境。

---

① 《马克思恩格斯选集》第1卷，人民出版社2012年版，第422页。

② 参见杨敏：《社会行动的意义效应——社会转型加速期现代性特征研究》，中国人民大学出版社2005年版，第26页。

一、育人公共性面向的失衡

思想政治教育公共性面相的重心应该在集体。然而，在当前思想政治教育过程中，育人研究主要倾向于对个体的“针对性”研究，对群众公共生活的关注度相对缺乏，往往把焦点放在个体特别是“问题个体”上，忽视了对青年公共生活、群体公共生活的思想引领和价值塑造。这种育人模式不仅使人的主体性越发与公共性活动相脱离，而且也不利于促进人的全面发展，不利于人的社会生存。社会是由群体构成，人作为社会的人，社会交往是不可避免的，“个体”只有和“他者”共享公共资源，才能更好实现人与人之间的良性互动，才能共同处理好公共事务，保证合作的完成。因此，如何在“自我”和“他者”之间找到生活世界交往的平衡性，不能仅局限于对个体日常生活和思想状态的引导，而是要回归公共日常生活和公共活动领域。

在社会转型的进程中，思想政治教育也依据社会客观实际的变化不断地进行改革创新。但目前学术界对思想政治教育的前沿研究主要集中于学校、军队、政府机关以及网络新媒体等领域，而对企业职工、农民群众、社区普通大众等社会群体的正面教育和疏导较为薄弱，造成了思想政治教育资源在以学校为主体的意识形态阵地中的“过剩”和普通大众中的“匮乏”。这种育人公共性失衡的情况，不仅使思想政治教育资源未实现全民共享，也导致部分教育对象在社会公共生活中的精神诉求和思想需求得不到关注，开始逐渐退出思想政治教育公共格局的共建。

二、公共价值观教育难度加大

现代社会的特征不是一个统一的意识形态，而是一个由诸多自主的领域和彼此竞争的价值所构成的网络。

具体而言，一方面，中国开放发展的“快车”“顺风车”，带来的不仅是各国之间经济政治的交流与发展，也带来了不同国家民族文化价值观念的交融与碰撞，使社会的文化形态和价值体系也发生了动荡。尤其是西方鼓吹的新自由主义、普世价值等社会思潮的“幻境”，让人们陷入“乱花渐欲迷人眼”的虚假景象，使人们的价值选择开始趋向多元化，并且在一定程度上动摇了社会主流价值观。

另一方面，思想政治教育当前所必须面对的思想文化大背景是：开放性、多元性、复杂性等各种不同性质的思想文化相互碰撞。尤其是在网络信息化时代,“两微一端”等新兴媒体的发展与普及,人们开始对思想政治教育传播的信息进行自我筛选与组合,使思想政治教育信息传播逐渐碎片化,衍生了盲目从众和历史虚无主义等各种错误的社会思潮,削弱了思想政治教育对凝聚社会主流价值观所承载的感召作用。因此,在人们思想意识多样化和利益诉求高度分化的时代境遇下,思想政治教育去探寻人们共同价值追求和文化认同的最大公约数,就变得尤为困难。

三、公共空间的分化与异变

思想政治教育公共空间是导引社会主流意识形态和情感的空间载体。中国迈入新时代,社会的改革发展和转型使社会主要矛盾发生变化,市场经济结构更加自由化,出现了较为复杂的社会分化,思想政治教育的公共空间也面临问题。

一方面,社会不平衡不充分的发展问题不但成为影响社会全面和谐发展的关键所在,而且也是当前思想政治教育面临的突出问题。思想政治教育的不平衡不充分主要体现在:区域发展不平衡导致了公共场域的不平衡以及思想政治教育资源开发利用不充分、实践投入不充分等现象。这就造成了资源同质化、复制化等问题,使得教育“成果”脱离了社会实际需求,降低了教育对象的认可度,这种“价值在场”“主体缺场”的现象使思想政治教育公共空间出现异变。

另一方面,市场经济下,以市场调节资源,以平等买卖为原则的现代契约制度的建立,使人与人之间开始追逐利益的最大化,使全社会产生一种急功近利的浮躁情绪。如市场经济下消费主体与服务主体之间出现信任危机,“异化”消费结构使社会环境弥漫着世俗化、商业化的气息,而这种商业化模式逐渐向公共空间渗透,导致极端享乐主义和功利主义的社会风气盛行。所以在利益的驱逐下,思想政治教育的“工具理性”限制了“价值理性”,公共空间也呈现出功利性特点,影响着思想政治教育功能的发挥,不利于社会公共空间的和谐与稳定。

总而言之,随着社会结构的转型、全球化进程的影响,思想政治教育出现育人公共性缺乏、内容实效性降低、实践公共性不足等现象,使思想政治教育还未能充分发挥出其公共性的导向功能。因此,为了增强思想政治教育本身的公共性职能，为了更好提升人的公共性、社会的公共性，急需解决当前思想政治教育公共性所面临的困境。

第三节　思想政治教育主客体的公共性

一、思想政治教育主体的公共性

这里以思想政治教育者为例分析思想政治教育主体的公共性。

在社会实践活动中，对思想政治教育者是谁的追问并没有太大的意义，因为凡是有目的、有计划地以政治观念为核心对人们施加影响者都可以视为思想政治教育者。也就是说，在一个国家，社会民众都可能成为思想政治教育者。故对思想政治教育者的讨论需要限定，这里讨论的思想政治教育者主要是指能履行、承担、组织、实施思想政治教育职能的人。毫无疑问，履行、承担、组织、实施思想政治教育职能的人需要特定的素质，没有这一点，思想政治教育者难以发挥其主体性。显然，思想政治教育者的素质直接影响着思想政治教育公共性的实现，要实现思想政治教育公共性，思想政治教育者至少应具备以下两点素质要求。

第一，思想政治教育者要具有较强的政治修辞能力。思想政治教育的实质主体是国家和各类群体性的组织，但在现实的操作层面则落实到具体的思想政治教育者。从这个意义上说，思想政治教育者是国家的依托者、代言人。作为实际的思想政治教育的发动者、组织者、实施者，要在社会公共空间中取得思想政治教育效果，自然要有一定的政治修辞能力。政治修辞源于修辞学研究。在亚里士多德(Aristotle)看来，“修辞术的定义可以这样下：一种能在任何一个问题上找出可能的说服方式的功能”[①]。但不能因此将修辞术等同于诡辩，“修辞术的功能不在于说服，而在于在每一种事情上找出其中的说服方式。造成‘诡辩者’的不是他的能力，而是他的意图”[②]。这一点后来在美国修辞学家劳埃德·比彻尔(Lloyd Bitzer)那里得到进一步的发展，“修辞坚持理性辩护，把真理和价值看作规范原则”，修辞“就是影响

① ［古希腊］亚里士多德：《修辞学》，罗念生译，上海人民出版社2006年版，第23页。
② ［古希腊］亚里士多德：《修辞学》，罗念生译，上海人民出版社2006年版，第20页。

听众的观念和态度,唤起他们某种期望的行动”。[①] 在这个意义上,可以将思想政治教育的政治修辞看作思想政治教育者围绕政治利益而进行的修辞行为,他的目的是更好地传播主流意识形态和路线方针。

毋庸讳言,思想政治教育者的政治修辞能力对于思想政治教育公共性的实现至关重要,因为思想政治教育者修辞能力直接影响着社会公众的政治态度,直接影响着政治正当性。韦伯指出:“经验表明,没有任何支配会自愿地仅仅限于诉诸物质、情感或理想的动机作为其存续的基础。除此之外,每个这样的体系都会试图建立并培育人们对其正当性的信仰。”[②]也就是说,政治主体并不能依靠或指望暴力来建立政治共识,可取的途径只能是通过“理性言说”来说服公众自觉服从统治或管理。而在一定意义上,思想政治教育就是一种政治说服。在政治说服中政治主体一般通过政治语言改变、维持或强化政治客体的政治态度,从而影响社会公众的政治正当性的信仰。显然,政治说服效果和思想政治教育者的政治修辞能力密切相关的。从历史角度看,早在革命时期党的思想政治教育工作者就已经高度重视政治修辞。如毛泽东在 1949 年发表的元旦社论——《将革命进行到底》,其间气势磅礴、激奋人心的革命话语,大大激发了人们的革命斗志。

在经历了浮夸性的政治修辞和破坏性的政治修辞之后,当下的思想政治教育者在社会公共空间中该如何进行政治修辞?简单地说,至少包括四个方面:首先,在开展思想政治教育活动时,必须明确思想政治教育者的政治修辞的情景。思想政治教育者的政治修辞情景就是思想政治教育者说话或创造修辞语言的环境。思想政治教育者必须意识到:“修辞话语是因修辞情景而产生。”[③]显然,社会转型期的公共空间显然不同于先前革命形势下的政治环境,如果仍然试图用原先的那套政治修辞话语来做思想政治教育工作,其效果自然大打折扣,甚至会起到相反的效果。从这个意义上说,弄清楚思想政治教育的政治修辞的情景是思想政治教育者政治修辞实践的前提。其次,思想政治教育者应该掌握一定的政治修辞的语言技巧。思想政

① 李元书主编:《政治体系中的信息沟通——政治传播学的分析视角》,河南人民出版社 2005 年版,第 87、88 页。

② [德]马克斯·韦伯:《经济与社会》第 1 卷,阎克文译,上海人民出版社 2010 年版,第 319 页。

③ [美]肯尼斯·博克:《当代西方修辞学》,常昌富、顾保桐译,中国社会科学出版社 1998 年版,第 119 页。

治教育者的政治修辞所要表达的内容丰富与否固然重要，但即便再丰富的内容如果离开了恰当的语言形式也会影响所要表达的内容本身。再次，思想政治教育者的政治修辞需要对受众进行分类。受众是思想政治教育者政治修辞的对象。显然，思想政治教育者的政治修辞必须认真考虑受众，可以根据年龄、种族、民族、文化背景、宗教背景、教育背景、政治倾向等方面对受众加以分类。例如，思想政治教育者的政治修辞的目的是维持或改变受众的政治倾向，只有那些潜在需要维持或改变的受众才是思想政治教育者的真正的受众。最后，思想政治教育者要具有主题设定的能力。思想政治教育者与受众的沟通交流过程并不是无主题的，恰恰相反，思想政治教育者的政治修辞具有很强的主题意识。正是这一主题意识，使思想政治教育者的语言选择、组织与安排得以从容展开。但受众是生活在一定的社会之中的，他们的猎奇心理、追求时尚的习惯等都可能使社会生活充斥着伪公共性。因此，思想政治教育者的政治修辞需要对此展开说服论证，使受众沿着思想政治教育者的想法去思考相关的逻辑主题。这也是政治修辞的目的，即利用语言实现人与人之间的对话，在意见中寻求共识。诚然，社会公共生活中的共识的实现既不是一厢情愿的单向呈现也不是另一方被动接受，但也不能离开思想政治教育者的积极引导与推动。显然，这一过程中思想政治教育者必须具有较强的主题设定的能力才能实现。

第二，思想政治教育者应该具备马克思主义的公共性理论素养。从学科属性方面来说，思想政治教育学科是马克思主义理论学科的重要组成部分。因此，思想政治教育者自然应该具备马克思主义理论素养。同样，思想政治教育公共性也是以马克思主义公共性理论为根本指导思想。诚然，马克思主义创始人那里并没有直接使用过“公共性”这一词语，但并不能由此否认马克思主义创始人那里根本就没有公共性的理论。实际上，马克思主义创始人那里不仅有着浓浓的公共性关怀，而且对于公共性问题有着深刻的洞见。因此，这里有必要对马克思的公共性理论作一梳理，以明确思想政治教育者应具备的马克思主义的公共性理论素养的内涵。

在马克思主义创始人之前并不是不存在着公共性的理论探讨，古希腊的公共性理念主要是以城邦共同体为代表，中世纪以教会为主的公共性理念，资产阶级的契约主义或自由主义等公共性理念。马克思则基于自己所处的时代，看到以“市民社会”和政治国家二分的近代公共生活形态仍是一种虚假的公共性。因为这种公共性反映的不过是资产阶级的“私人性”。“这是一个只对资产阶级开放,准许这个阶级自由进出共同参与和共享的场所,体现着这个阶级的利益追求、情感、意志和目的、价值与审判趣味的有限的‘公共空间’。”[①]用哈贝马斯的话来说,资产阶级公共性仍然是一个“代表性的公共性”场所。这样的公共性,对于广大的无产阶级来说是一种同他们相对立的、异己的存在。马克思基于无产阶级的生活状况对此作了深刻的反思与追问:“谁给了资产阶级依照自己认为合理的方式建立并合法化公共生活秩序的权利?资产阶级何以有权利要求无产阶级服从、认同这种本质上与自己相对抗的‘公共生活’规制?”[②]正是这样深刻的反思,才为马克思的公共性理论超越前人关于公共性的理论成果找到了新的基础——“旧唯物主义的立脚点是市民社会,新唯物主义的立脚点则是人类社会或社会的人类”[③]。

马克思揭露资产阶级公共生活的欺骗性、虚伪性、抽象性应该说是从他发现人的异化开始的,他从人的异化发现了劳动的异化。“工人生产的财富越多,他的产品的力量和数量越大,他就越贫穷。”[④]这种劳动对工人来说既是异己的,又是外在的。“劳动的异己性完全表现在:只要肉体的强制或其他强制一停止,人们会像逃避瘟疫那样逃避劳动。外在的劳动,人在其中使自己外化的劳动,是一种自我牺牲、自我折磨的劳动。最后,对工人来说,劳动的外在性还表现在:这种劳动不是他自己的,而是属于别人。”[⑤]

不难看出,马克思充满着对公共生活的深切关怀。这种关怀不只是一种基于人类的情感上的,而且他还使这种对人类的情感获得了历史的维度。在马克思看来,虽然人本身是一种类本质的存在,但人所渴望的公共性世界,即合理的人类公共生活却不是既定的,而是要通过无产阶级按照合乎人的方式自己自主地创造出来。“整个所谓世界历史不外是人通过人的劳动

---

① 袁祖社:《文化“公共性”理想的复权及其历史性创生——马克思哲学的一种新的解释视域》,《学术界》2005年第5期。

② 袁祖社:《文化“公共性”理想的复权及其历史性创生——马克思哲学的一种新的解释视域》,《学术界》2005年第5期。

③ [德]恩格斯:《路德维希·费尔巴哈和德国古典哲学的终结》,中共中央马克思恩格斯列宁斯大林著作编译局译,人民出版社2014年版,第62页。

④ [德]马克思:《1844年经济学哲学手稿》,刘丕坤译,人民出版社2000年版,第51页。

⑤ [德]马克思:《1844年经济学哲学手稿》,刘丕坤译,人民出版社2000年版,第55页。

而诞生的过程，是自然界对人来说的生成过程。”[①]“共产主义是作为否定的否定的肯定，因此，它是人的解放和复原的一个现实的、对下一段历史发展来说是必然的环节。”[②]从马克思的公共性理论来看，思想政治教育者具有马克思的公共性理论素养，至少应包括两方面含义：一是思想政治教育者不仅要关心公共生活，更要有公共生活的能力。如通过思想政治教育理论研究、社会实践发出思想政治教育学科的呼声，发动和组织讨论，交流和引导公共意见，以培育社会的公共精神。二是思想政治教育者要意识到公共生活不是既定的，而是历史的、实践生成的。因此，思想政治教育者所要培养的公共人、促进达成政治共识等都是在社会公共生活中生成的。思想政治教育者要树立历史性意识，并对公共生活中发生的事件予以历史性的分析和评论。

二、思想政治教育客体的公共性

(一)对公共生活保持着热情与关注

如果思想政治教育客体不能对公共生活保持着热情与关注，那么思想政治教育公共性就不可能实现。思想政治教育的客体对公共生活的关注不同，自然对公共生活(事件)有着不同的看法，进而形成不同的思想观念，思想政治教育主体只有积极地与不同客体进行交往与互动，错误的思想观念才能得以被澄清，政治共识才可能促成。思想政治教育客体选择对公共生活的关注，实质反映了思想政治教育客体对美好公共生活的追求以及对思想政治教育主体教育目标的认同。好生活不在于理解当中，而是存在于如何生活之中。美好公共生活不能也不应该由一个人来定，需要众人一起来讨论。但是如果众人没有关心并热爱公共生活，关于美好公共生活的讨论也就不可能。思想政治教育主体要培养人的公共精神，要促进社会成员达成政治共识，前提同样是人们要关注乃至热爱公共生活。

改革开放以来，随着国家与社会的逐渐分离，特别是社会主义市场经济体制的确立，主体性意识逐渐觉醒乃至高涨。革命年代盛行的“我是一块砖，哪里需要哪里搬”的口号式宣传遭到了强烈的质疑，长期被意识形态化

---

① 马克思：《1844年经济学哲学手稿》，刘丕坤译，人民出版社2000年版，第92页。

② 马克思：《1844年经济学哲学手稿》，刘丕坤译，人民出版社2000年版，第93页。

遮蔽了的自我从意识形态化的总体性逻辑中解放出来。个体意识的觉醒、个体权益的伸张,为社会成员关注公共生活奠定了坚实的基础。在社会大众的生活少了些崇高、多了些对世俗公共利益的关切,在合理合法的基础上追求个体的利益最大化,以更加积极的姿态参与公共话题的讨论,关注公共制度的设计和对个体公共身份的认同。应该说,市场经济很大程度上促进了社会成员自觉地对公共生活的关注。具体来说,主要表现在两方面:一是市场经济制度使自由、平等、自主、公正的观念深入人心;二是促进了社会成员的竞争合作、团结协作意识。但是,社会主义市场经济只是推动社会成员自觉关注公共生活的一个重要方面。社会领域中大量的 NGO、NPO 组织的出现,使社会成员讨论或争论的问题通过组织被放大。互联网的兴起更是为社会成员关注公共生活提供了便利的条件,特别是微博的出现,140 字的低门槛使每一个“小我”都可以发出自己的声音。微博通过网络围观的动员,使每一个围观者学会了效仿和批判。微博用户既是信息的发布者、信息的接收者,又是信息的传播者。尤其是某件事通过微博的转发,就如同网络病毒的传播模式一样,很快就可能成为社会公共事件。微博为人们关注公共生活提供了平台,人们通过这一平台在互动中畅所欲言、即时交流、汇集观点、合流意见、凝聚共识。微博在一定意义上打破了身份和权力的藩篱,使每个社会成员关注公共生活的机会得以均等化。

(二)有序、有效的公众政治参与

思想政治教育客体如果仅仅对公共生活有所关注,却缺乏实质性行动,那么所谓的“培育公共精神,促成政治共识”仍将是一句空话。正如詹姆斯·西瑟(James W. Ceaser)在研究美国公民时指出的:“公民要真正变得文明起来,就必须通过参加实际的管理工作来完成他们的文化教育,真正的启蒙的主要来源之一是经验,如果美国人不是逐渐地习惯于管理自己,那么他们的文化水平不足以使他们走向成功。”[①]政治参与反映了思想政治教育客体的一种高质量、高水平的生活。通过政治参与能有效地激发思想政治教育客体的自我实现意识,促进自我成就感和满足感的增强,即思想政治教育的客体能在高质量的政治参与中获得自身的发展。如在政治参与过程中思想政治教育客体有机会扮演各种角色,在政治参与中他们可能获得理想的参

① [美]詹姆斯·西瑟:《自由民主与政治学》,竺乾威译,上海人民出版社 1998 年版,第 187 页。

与性教育的效果，在这一教育中，每个学生都有机会扮演总统、领袖、公民、支持者和追随者等角色，以便尽可能多地体验各种不同角色。实际上，思想政治教育客体不仅在政治参与中学会和适应公共生活，养成了合作精神，而且增进了公众参与公共决策的认同感。因为公众政治参与是指公众依法通过各种途径和方式，参与国家事务、经济、文化及社会公共事务管理，通过观念的表达，影响公共政策决策的行为。在这个意义上，公众的政治参与又是思想政治教育客体和思想政治教育主体达成政治共识的过程，而且这种政治共识是思想政治教育主体和客体之间通过合作而产生的。简言之，思想政治教育客体的政治参与是思想政治教育公共性实现的关键一环。在现代社会中，参与政治生活不只是少数人的专利。现代政体区别于传统政体的关键乃在其民众的政治意识和政治介入的幅度。传统政体只需要组织社会上少数人的参与，而现代政体却必须组织广大民众的参与。参与式民主也正是在代议制民主遭遇危机时提出的，当政府的决策未能成功地满足人民的愿望，又使他们丧失对公共机构和领导人的信任时，于是对权威的怀疑充斥整个社会，公众对于选举的兴趣发生根本性的下降，致使投票率大跌，重塑民主政治的合法性的参与式民主由此提出。社会主义民主政治同样离不开社会成员的政治参与，这也是社会成员行使权利的体现。党和国家也非常重视和保障公民参与政治的权利。确实，公众的政治参与不仅使政治获得了有力的支持，而且为政府注入了新鲜的活力，有助于提升政治的公信力。

但是，公众的政治参与也存在着参与度的问题，特别是在社会转型期。政治参与度过低时，公众则缺乏主动的政治实践，缺少自觉的政治参与，公众的主体职责也难以得到有效发挥，这时所谓的“政治共识”应该说是脆弱的。而如果公众的政治参与过度，特别是在公众政治参与中缺乏引导和控制，就很有可能引发暴力的冲突，导致社会陷入不稳定状态。大多数处于现代化之中的国家，过度的政治参与则会引发政治动乱，因为这些正处于现代化之中的国家政治制度化水平还跟不上剧增的政治参与。因此，对于中国这样一个处于现代化之中的国家而言，必须处理好公众政治参与度。

与公众政治参与度问题同样重要的是，就当下中国而言，公众的政治参与与其说是有序问题，毋宁说是有效问题。直言之，有效的公众政治参与在当下还颇为匮乏。据雪莉·阿恩斯坦(Sherry Arnstein)的研究，公众的政治参与可分为四个层次:第一层次是低档次的参与,主要包括操纵和训导。操纵是指组织者按自己的目的和意图组织并操纵公众参与的过程;训导是指组织者以公众参与的形式,以达到组织者让公众支持自己的目的。这一层次的参与实质上是"无参与",因为这种参与不过是组织者以公众参与的名义,把参与者置于虚假的位置上而已。第二层次是表面层次的参与,主要包括告知和咨询。告知是组织者把信息通知参与者,使参与者了解情况;咨询是组织者提供信息,公开听取参与者的意见。之所以说这一层次是表面参与,是因为这种参与在形式上强调的是信息的单向流动——从政府官员到公民——没有任何反馈渠道及相互谈判的权利。第三层次是高层次的表面参与,即"展示"参与。这一参与允许参与者提出建议,但仍是表面化的。"展示"策略是把几个精心挑选的"代表"安排进行参与,他们被允许提出一些建议或计划,但最后由组织者判断建议的合法性。第四层次是合作性参与。在合作关系中他们可以进行谈判并与传统权力持有者进行协调。权力通过公民与决策者的谈判得到实质上的重新分配,决策者与参与者同意共享规则的决策责任。① 不难看出,当下中国公众的政治参与主要还局限于第一到第三层次,合作性参与则明显匮乏。当然,这和中国的传统政治体制改革滞后是分不开的。但思想政治教育客体的政治参与的主动性不足同样不可忽略。我们知道,要促成社会成员的政治共识、培育大众的公共精神,就离不开高质量的公共生活,因为高质量的公共生活是防止假"公共"之名谋一己之私的最为有效的办法。要防止高质量的公共生活蜕化为工具化的公共生活,就不能不重视合作性的政治参与。

第四节　改革背景下的思想政治教育公共性话语研究

思想政治教育话语要赢得公众认同,以接受思想政治教育所传播的主流价值观,不仅要实现思想政治教育话语方式的创新,更要对思想政治教育话语思维进行创新,以扩大思想政治教育者和教育对象之间的"共识域"。具体来说,其主要包括以下三个方面:

① 参见蔡定剑主编:《公众参与:欧洲的制度与经验》,法律出版社 2009 年版,第 14～15 页。

一、建构思想政治教育内容的话语转换程序，提升思想政治教育话语效力

思想政治教育内容可以划分为两个层面：第一个层面即特定的社会和阶级要求、所确定的思想政治教育内容（思想政治教育内容 I）；第二个层面即在具体的思想政治教育活动中，思想政治教育者根据相应的思想政治教育目的，按照思想政治教育规律的要求，对思想政治教育内容 I 进行组织、编制，以直接用于思想政治活动的内容（思想政治教育内容 II）。[①] 思想政治教育有效性有赖于思想政治教育内容 I 的有效性，有赖于思想政治教育内容 I 向思想政治教育内容 II 的科学转换，有赖于思想政治教育内容 II 的有效性。

从思想政治教育话语角度来说，思想政治教育话语对于公众的影响力和公众达成共识的程度的关键在于思想政治教育内容 I 向思想政治教育内容 II 的转化。因为如果不能实现第一个层面向第二个层面的转化，将导致思想政治教育话语传而不通。进一步来说，思想政治教育内容 I 相对于内容 II 而言，是强势话语，如政治话语直接影响着学术话语、教材话语、工作话语等。但强势话语又不能直接替代其他话语，所以需要建立一定的转换程序。长期以来，思想政治教育内容体系的话语转换主要是直接转换，甚至是机械地嫁接，如把某些政治话语直接转化为实践话语或学术话语。应该承认，直接转化在当下仍然有存在的合理性，但直接转化往往使思想政治教育话语过于宏大化、程式化、单一化，很容易使思想政治教育话语在社会公共空间中失去吸引力。因此，思想政治教育内容体系的话语需要更多的间接转换。思想政治教育内容话语的间接转换简单而言，是指将简单转换为复杂（或相反），将抽象转化为具体（或相反）。思想政治教育内容 I 向思想政治教育内容 II 转化除了直接与间接的转换方式，还包括释义转换。释义转换就是对思想政治教育内容 I 加以解释、诠释和注释，不仅包括政治话语、权力话语，还包括思想政治教育内容 I 的经典文本的释义。相比于直接转换、间接转换，释义转换更强调个人的主观性。

二、以交往理性来变革思想政治教育话语思维

思想政治教育话语方式的控制式、劝导式，话语内容上对生活世界的疏

① 参见沈壮海：《思想政治教育有效性研究》，武汉大学出版社 2008 年版，第 81 页。

离等，从根本上说都与思想政治教育话语思维有着密切的联系。维特根斯坦(Ludwig Wittgenstein)曾就思维方式的转换对新旧理论更替的重大意义作过精辟论述，而思维方式转换总是和语言联系在一起的。不论是思想政治教育话语方式的控制式，还是话语内容中对生活世界的疏离，无不透露出思想政治教育话语思维场域的权力偏好。话语总是和权力联系在一起，福柯(Michel Foucault)对此阐述深刻，"现代人所谈论的'疯癫'并非一个'本来如此'的对象，而是一个不断被疯癫话语所构建的对象"①。思想政治教育话语场域的霸权思维，使思想政治教育者总是习惯于独白，凭借自己的知识优势试图在话语体系中处于绝对的支配地位，结果使思想政治教育话语空间不断萎缩。因此，思想政治教育话语要想在社会公共空间中取得影响，必须克服话语场域的权力偏好，即以交往理性来代替思想政治教育的话语霸权思维。

思想政治教育公共性的实现离不开教育者和公众之间在交往中的相互理解、相互认同和相互承认，并能够相互之间承认保持距离、维护自我的同一性。在哈贝马斯看来，理解是思想政治教育交往活动的本质所在。"达到理解的目标是导向某种认同。认同归属于相互理解、共享知识、彼此信任、两相符合的主观际相互依存。……不难发现，理解这个词是含混不清的，它最狭窄的意义是表示两个主体以同样方式理解一个语言学表达；而最宽泛的意义则是表示在彼此认可的规范性背景相关的话语的正确性上，两个主体之间存在着某种协调；此外还表示两个交往过程的参与者能对世界上的某种东西达成理解，并且彼此能使自己的意向为对方所理解。"②因此，思想政治教育者只有将行政化的教育模式改为对话、商谈的教育模式，经过相互的理解与解释，才能和公众达成一致。思想政治教育话语所促成的不同主体之间的政治共识，并非是所有参与对话的主体的话语或意见的总和，而是让不同的观点、意见在平等的交流与争辩中，寻找其话语或意见的共同性因素。当然，这一过程必须要克服预设式话语的藩篱，只有如此，才能在这一过程中培养公众理性的探讨精神，努力实现思想政治者和公众的协调和融合，促进思想政治教育公共性的实现。

---

① 转引自吴猛：《福柯话语理论探要》，复旦大学2004年博士学位论文，第36页。

② [德]哈贝马斯：《交往与社会进化》，张博树译，重庆出版社1989年版，第3页。

三、增强思想政治教育话语交往的人文关怀，提升思想政治教育话语热度

丧失人文关怀的思想政治教育话语传递的只可能是言语的表层信息，不仅无法打动公众，还会导致公众对思想政治教育话语所传递的冷冰冰的信息的怀疑。正如苏霍姆林斯基所说："只有当行为给学生带来真实感，激动着儿童，在他心里留下愉快、兴奋、精神充沛的情感时，知识才能变成信念。"[①]从这个意义上说，思想政治教育话语交往的人文关怀是教育交往过程中的核心。只有充满人文关怀的思想政治教育话语，才能调动社会公众内在的积极情感，为思想政治教育主体之间交往的顺利进行提供必不可少的推动力。

首先，思想政治教育话语者要充分关注公众在现实生活世界的困惑，充分尊重和理解公众的道德情感和政治需求。关注公众的现实生活世界的困惑，不仅要丰富思想政治教育话语内容，而且要实现思想政治教育话语方式的变革、拓宽思想政治教育话语领域。丰富思想政治教育话语内容，一方面要及时补充随着社会发展而涌现出的新话语，要注意筛选出普遍为社会所接受又在一定程度上反映社会发展需要并提升其学术内涵的话语；另一方面要进行思想政治教育话语学术概念的创造和学术语言的创造，而且要与原有的思想政治教育话语实现某种程度的对接，做到继承与创造相统一。变革思想政治教育话语方式，关键是立足公众的主体地位，既要用合乎教育规律的方式来表达教育内容，又要实现思想政治教育话语方式的通俗化。杜威也说："沟通信息，必须运用言词。但是，如果所沟通的知识不能组织到学生已有的经验中去，这种知识就变成纯粹言词，即纯粹感觉刺激，没有什么意义。"[②]所以，思想政治教育者不仅"随时都善于简单地、具体地，用群众所熟悉和懂得的形象来讲话"[③]，要运用适合不同公众风格、种类丰富的普及化、大众化的话语方式，消除不同公众群体接受思想政治教育理论的障碍，更要拓宽思想政治教育话语领域，主要是针对社会转型期不同的群体在思想观念、价值观念、生活方式上发生的变化，吸收这些群体在社会变迁中的

---

① [苏]苏霍姆林斯基：《关于全面发展教育的问题》，王家驹等译，湖南教育出版社 1984 年版，第 177 页。

② [美]约翰·杜威：《民主主义与教育》，王承绪译，人民教育出版社 2001 年版，第 205 页。

③ 《毛泽东选集》第 3 卷，人民出版社 1991 年版，第 843 页。

话语资源，考察他们在社会转型期的生活经验，将思想政治教育话语领域从宏观拓展到微观。

其次，重视思想政治教育交往话语过程中的情感的作用。情感是人对客观事物是否符合主体需要而产生的指导性心理体验对主体的认识活动产生积极或消极的作用。毋庸置疑，情感在思想政治教育者和公众的交往过程中扮演着相当重要的角色。思想政治教育交往话语要让公众充分体验到教育者的温暖与关爱，营造温暖和舒适的话语场域，减少思想政治教育者与公众之间的话语冲突，从而认同思想政治教育者的理念。

再次，思想政治教育的人文关怀要重视叙事话语，少用说理话语。思想政治教育者在与公众的交往中，喜欢用说理性的话语，说理话语的逻辑思辨色彩浓厚，但由于价值倾向过于明显，容易使人反感。相反，叙事话语中叙事者的观念和立场往往是悬置的、内隐的，是不张扬的，因此，它对公众的影响是无声的。重视叙事话语有利于思想政治教育者更多地关注和尊重社会成员生命的丰富性和多样性，尊重他们的日常经验的独特性，避免抽象化、标准化、知识化、唯一化的思维对教育内容的伤害。思想政治教育的叙事话语说到底不仅是其包含的情感，更因为它是一种情境性思维，它竭力将一般的人类状况置于特殊的经验之中，并试图把经验置于时间和空间之中，通过故事情境，使讲故事的人和听故事的人产生了心灵共鸣，这显然是将抽象的政治理论命题落实到公众心灵中的一种好办法。

第五章　思想政治教育整体有效性问题研究

大学生思想政治教育整体有效性，是大学生思想政治工作生命力之所在，也是大学生思想政治教育的目的和归宿，也应是我国高校思想政治教育理论和实践工作者关注的焦点。这一问题最终体现在走出校园的大学生能否成为中国特色社会主义事业合格的建设者和接班人。对这个重大的关乎党和国家前途与命运的人才培养工程展开的研究，需要放到中国特色社会主义现代化建设的历史进程及其所处的全球化国际环境中加以拓展和深入，它在多大程度上能够应对大学生思想政治教育实践的呼唤，就在多大程度上实现其理论价值。

第一节　思想政治教育整体有效性的主要理念

一、以人为本

（一）人的自然性

1.人的自然性需求是大学生思想政治教育整体有效性的原始动力

第一，人的自然性需求奠定了大学生思想政治教育整体有效性的物质性基础。人们首先必须吃、喝、住、穿，然后才能从事政治、科学、艺术、宗教等。只有在此基础上，意识才能摆脱世界而去构造理论、神学、哲学、道德。这也是大学生思想政治教育理论与实践最基本的出发点和物质基础，没有这个物质基础，大学生思想政治教育就没有产生和存在的基础。现实生活中大学生的思想和行为离不开社会生活中的物质利益和物质性需要的满足，只有在物质利益这个基础上考察大学生的思想产生、变化和发展的最终根源，才能真正了解大学生思想的内在秘密，才能使大学生思想政治教育具有针对性和整体实效性。

第二,人的自然性需求的矛盾性决定了大学生思想政治教育的自然性调节功能。追求利益和满足需要是人活动的基本动力和个体积极性的源泉,这是马克思关于人的需要理论的最基本的观点,也是无产阶级政党进行思想政治教育的根本出发点。社会各种矛盾的产生和发展从根源上讲,都来自人们不同的利益诉求,现代思想政治教育存在的合理性,就在于要通过一切可能的方式来满足和协调人的物质需要和利益诉求,这里所表现的就是思想政治教育的调节功能:一是通过思想政治教育的理论宣传、思想引导等,提高人们对自身物质利益诉求及其实现方式合理性的认识;二是通过教育引导,激励人们积极自愿地为自己的实际利益而斗争;三是通过有效的协调、积极的疏导等,调节人们之间的利益关系,化解人们之间的利益冲突。

第三,人的自然性需求的发展性决定了大学生思想政治教育的自然性提升功能。人没有纯粹的自然性,而是被提升了的社会化的自然性。生产工具的每一次进步都伴随着人性的提升,只要人们通过生产劳动满足了现实个人的基本生存需求,就会必然地在此基础上产生许多新的需求。可见,由于摆脱了自然界的束缚而具有了自觉的能动性,人的需要超出了一般生物受其机体条件制约而具有的发展特性,马克思称其为“社会化的自然性”。因此,个人自然需求的发展性决定了思想政治教育对人的自然性的提升功能,大学生思想政治教育的一个重要功能正在于合理引导大学生个人的自然性需求,并不断提升他们的自然性需求。

2.坚持解决思想问题同解决实际问题相结合的原则,充分发挥思想政治教育对人的自然性的调节和提升功能,提高大学生思想政治教育的整体有效性

思想政治教育说到底是做人的工作,把解决思想问题同解决实际问题结合起来,在关心人帮助人中教育人、引导人,是思想政治教育的一条重要方法,也是我党开展思想政治工作的一条重要原则。关心群众生活、帮助群众解决实际问题是我党长期以来形成的优良传统,党之所以能够动员和组织成千上万的群众,战胜各种艰难险阻,取得一个又一个的伟大成就,其中的一个重要原因,就是党始终把解决思想问题同解决实际问题结合起来,党的信念、社会主义信念也就是在帮助群众解决各种实际问题的过程中,逐渐得到群众的认可和拥护的。

人类基本物质生活需要的满足是人类生存和发展的第一历史前提。思想政治教育要重视人的利益,尤其是现实中个人的利益,调节人的自然性需求,及时满足人们的合理需求,大力丰富人的自然性,这是做好思想政治工作、提高思想政治教育整体有效性的重要基础,我们全部思想政治教育都是建立在这一历史唯物主义基础之上的,全部的思想政治教育方法都以此为前提。大学生思想政治教育也同样如此。

(二)人的社会性

1.人的社会性需求是大学生思想政治教育整体有效性最直接的动力

人的社会属性包括多个方面的特性,其中有些特性是顺应人类整体发展要求的特性,如群体性、交往性、合作性、自觉性等。也有一些是阻碍人类整体发展的特性,如损人利己、损公肥私等,这些属性一般是人的自然属性发挥到对社会不利时表现出的特性。自然属性的发展要比社会属性悠久得多,社会属性在自然属性的基础上演化形成,往往与人的自然属性发生矛盾。随着人类社会的发展,对人的社会性(正向)要求越来越高,人的这种社会性需求是大学生思想政治教育整体有效性最根本的人性基础。

第一,人的社会性需求是大学生思想政治教育整体有效性的社会性基础。马克思主义认为人在本质上是社会存在物,人的现实本质是社会关系的总和。但人要真正融入社会,获得个人的生存意义,必须在一定的社会中经过社会化才能真正实现。思想政治教育即"社会或社会群体用一定的思想观念、政治观点、道德规范,对其成员施加有目的、有计划、有组织的影响,使他们形成符合一定社会所要求的思想品德的社会实践活动"[①]。大学生思想政治教育,就是要用社会主义核心价值体系教育和引导广大青年学生,坚持马克思主义指导思想,树立中国特色社会主义理想信念,为建设中国特色社会主义而共同奋斗。大学生的社会化过程离不开思想政治教育,思想政治教育在大学生的社会化过程中发挥着不可替代的重要作用,这就构成了大学生思想政治教育整体有效性的社会性基础。

第二,人的社会性需求的矛盾性决定了大学生思想政治教育的社会性调节功能。个人的自然性和社会性需求之间存在矛盾性,一般来说,人的社会性与人的自然性之间并不矛盾,甚至互为目的。例如,人们发展生产、建

① 赖雄麟:《马克思主义思想政治教育理论时代化研究》,人民出版社 2012 年版,第 69 页。

立美好社会的目的就是要让人们过上富裕、幸福的生活，也就是说，实现人的社会性的目的是满足人的自然性需求。按照弗洛伊德人格结构理论，本我、自我和超我之间不是静止的，而是始终处于冲突—协调的矛盾运动之中。人的社会性和自然性之间也会发生冲突。在剥削阶级占统治地位的社会中，人的自然性与社会性总是处于对立之中，不可避免地表现为对抗性，被压迫者常常为生的权利和起码的自然需求而浴血奋战，在这种制度下，解决人的自然性与社会性矛盾的方法是强制。在新的历史条件下，我们确认自然性的正当性，但在自然性得以舒张勃发的同时，基于人们自然性泛滥却涌动着“恶”性的膨胀。思想政治教育存在的合理性，就在于要通过一切可能的方式来协调人的自然性和社会性诉求之间存在的矛盾性，提高人们对自身自然需要和社会需要的认识，激励人们积极自愿地通过社会倡导的方式为自身需要的实现而努力。

第三，人的社会性需求的发展性决定了大学生思想政治教育的社会性提升功能。理解人、尊重人、发展人是大学生思想政治教育的指导原则之一，也是思想政治教育整体有效性提升的根本途径之一。现实的个人的社会性及其社会性需要，目的就是要充分发挥思想政治教育对人的社会性的提升作用，调节、提升人的社会性。这就要求大学生思想政治教育一定要重视现实的个人的复杂的社会关系，实践中不仅要关心人、理解人、服务人，更要尊重人、尊重人格，做到以情动人，以理服人，情理交融，发挥思想政治教育的育人功能，提高现实的个人社会化程度，丰富其社会性。因此，个人社会需求的发展性决定了思想政治教育对人的社会性的提升功能，大学生思想政治教育的一个重要功能就在于正确引导大学生个人的社会性需求，调节大学生的自然性和社会性诉求之间的矛盾性，调节大学生的社会性和社会性需求之间的矛盾性，并不断提升他们的社会性需求，有力地提高思想政治教育的整体有效性。

2.坚持社会主义核心价值观引领作用，充分发挥思想政治教育对人的社会性的调节和提升功能，提高大学生思想政治教育的整体有效性

社会主义核心价值观既是构建社会主义和谐社会的精神支柱，也是形成全社会思想共识的基础。社会主义核心价值观不仅关系到大学生的人生观、价值观和道德观的塑造，而且也直接影响他们的政治观、文化观、社会观的培育和养成，并在很大程度上制约着社会主义意识形态与先进文化建设。

要用社会主义核心价值观引领社会思潮，尊重差异，包容多样，最大限度地形成社会思想共识，形成全民族奋发向上的精神力量和团结和睦的精神纽带。高等学校加强和改进大学生的思想政治教育，要在社会主义核心价值观的指导下，发掘教育内容，完善教育机制，创新教育方式，提升教育效果，引导大学生树立中国特色社会主义共同理想，正确认识和把握当代中国社会发展进程中出现的思想道德问题，把民族精神教育与时代精神教育统一起来，从而构筑起符合中国特色社会主义发展要求的社会主义思想道德观念，提高大学生思想政治教育的整体有效性。

二、科学发展

（一）大学生思想政治教育科学发展的基本要求

教育的科学发展观的基本要求是教育的全面发展、协调发展和可持续发展。以教育的科学发展观指导大学生思想政治教育，就是要坚持全面协调可持续的发展观，促进大学生思想政治素质、科学文化素质和身心素质全面协调发展；坚持教学与教育相结合、理论教学与实践教学相结合、继承与创新相结合，促进大学生思想政治教育实践活动全面协调发展；统筹课内外思想政治教育，统筹“三育人”各个环节，兼顾与学生学业相关的就业、心理和情感等实际问题，促进大学生思想政治工作全面协调发展；树立可持续发展的理念，既立足当前，又着眼长远，紧抓长效机制建设，促进大学生思想政治教育的可持续发展。

在我国现阶段，大学生思想政治教育的全面、协调和可持续发展，首先是指大学生思想政治素质的全面、协调和可持续发展，既要满足社会培养人才的目的，又要满足人的全面发展的需要，实现“合目的性”与“合需要性”的有机统一。大学生思想政治素质是具有整体性的有机存在，思想政治素质既包含认知、体验、实践、自我教育等能力要素，又包括知、情、意、行等个性要素，还包括世界观、人生观、价值观、道德观等社会关系要素，体现了人的自然属性、社会属性、精神属性的有机统一。大学生思想政治素质的全面、协调和可持续发展，就是要求大学生的能力素质、个性素质、社会关系素质的全面、协调和可持续提升。

大学生思想政治教育的全面、协调和可持续发展，还要求大学生思想政治教育实践体系的全面、协调和可持续发展。思想政治教育的根本目的是提高人的思想政治素质，由于人的思想政治素质是具有整体性的有机存在，所以全面提高大学生的思想政治素质是一个系统工程，单靠某一环节或某些实践活动是无法达成的，应将各种看似不同的教育主体整合为该实践活动的整体主体，将大学生思想政治素质视为整体性对象，并整合各种教育方式方法和途径，使这一实践活动具有“培养”大学生整体素质全面发展的整体性功能。

（二）大学生思想政治教育科学发展的根本特征

教育的科学发展观的根本特征就是其整体有效性。科学发展观具有科学性、实践性特征，以教育的科学发展观为指导，坚持以人为本，处理好大学生思想政治教育各个阶段、内部各个因素之间的关系，实现大学生思想政治教育全面发展、协调发展和可持续发展，其根本特征就是提高大学生思想政治教育的整体有效性。

大学生思想政治教育这一人类实践活动，其有效性存在于大学生思想政治教育这一实践活动及其结果与实践活动主体对这一实践活动及其结果的整体要求之间的价值关系中。这一价值关系的主体就是实践活动的主体，价值关系的客体就是实践活动本身及其结果。大学生思想政治教育有效性的本质体现的是大学生思想政治教育这一实践活动本身及其结果所具有的满足主体需求的功能属性。大学生思想政治教育整体有效性，是要考察大学生思想政治教育这一实践活动及其结果，在整体上满足主体需求的功能。其内涵首先是指这一实践活动的结果的整体有效性，即是否全面、有效地实现了实践主体进行大学生思想政治教育活动的整体目标——“合需要性”与“合目的性”；其次是指提高这一教育实践活动水平上的有效性，即是否有效地促进了大学生思想政治教育实践活动本身的全面、协调、可持续发展——“合发展性”。因此，整体性视野中的大学生思想政治教育有效性，不只是大学生思想政治教育单个要素的有效性，也不是各个要素有效性的简单相加，而是思想政治教育要素、过程和结果的整体有效性；大学生思想政治教育要素、过程和结果的整体有效性不是静态有效，也不是各个阶段有效性的简单叠加，而是各个要素在各个阶段有效性的有机统一，是整体有效性的全面、协调、可持续提升。

（三）大学生思想政治教育科学发展的基本方法

统筹兼顾是坚持科学发展观的根本方法，坚持统筹兼顾也是大学生思想政治教育科学发展的基本方法。将统筹兼顾的基本方法贯穿于大学生思想政治教育始终，就是要总揽大学生思想政治教育全局、科学筹划、兼顾各方，就是要逐步建立起开放的、多层次的运行机制，把握重点，做到六个统筹兼顾。

一是统筹思想政治教育与其他各育，协调处理好思想政治教育与其他各育的关系，充分发挥各育的育德功能和育才功能，实现德、智、体、美各育的全面、协调发展。二是统筹第一课堂与第二课堂，既加强思想政治理论课教学，又开展大学生素质拓展计划和创业计划等形式多样的实践教育活动，引导大学生学以致用。三是统筹显性载体与隐性载体的育人功能，发挥校园文化的引领作用，拓展教学、管理、服务等育人环节，努力培育隐性化的教育和手段，形成思想政治教育整体合力。四是统筹解决思想问题与解决实际问题，把思想政治教育渗透在为大学生服务的过程中，既解决思想问题又解决实际问题，促进大学生的健康成长。五是统筹先进性要求与广泛性要求，号召大学生中的优秀分子积极践行先进性要求，引导全体大学生分层次、分阶段地达到先进性的要求。六是统筹校内和校外两个教育资源，利用好社会这个大课堂，同时营造好校园这个小环境，提高大学生思想政治教育的整体有效性。其中，全面发展是“六个统筹”的核心内容，协调发展是“六个统筹”的关键环节，可持续发展是“六个统筹”的一条主线，整体有效性是“六个统筹”的根本特征。

第二节　思想政治教育有效性的相关研究

一、研究的基本领域

(一)人类整体性思维及其理论成果的历史回眸

注重整体性是中国传统思维的基本特征，在长期的生活和实践中，中国人形成了“天地人万物一体”的整体宇宙观。这种宇宙观表现在思维方式上，就是强调要用整体的观念来看待一切，尽管中国历史上世界观和哲学领域流派纷呈，但这种整体性的宇宙观及思维方式一直作为主流贯穿于各种思想和学说。中国古人不仅用整体性的观点看待世界，而且用整体性方法改造自然和处理事物。比如，战国时期的都江堰水利工程和我国传统中医思想，就是运用整体性方法处理问题的典范。

西方整体性思想源于古希腊文明。与中国古人一样，古希腊人也在自己的生活和实践中形成了自己的整体宇宙观，“四根说”“原子论”都能突出体现出这一点。哲学意义上的整体性观念是由黑格尔提出并论证的，黑格尔的巨大功绩就在于他第一次把整个自然的、社会的和精神的世界描述为不断运动、变化和发展的整体性过程。但黑格尔的整体性只是概念的整体性，它不是客观存在的对象性整体，而是纯粹思辨的结果，这就把整体性头脚倒置而呈现出神秘的色彩。同时，黑格尔这种自满自足的整体是封闭的整体，要求设立一个发展的终点——绝对精神，绝对精神完成自我认识的运动后达到绝对真理，发展也就此停止了，因而只能成为最后的终结的整体。

对人类整体性思想进行科学概括的任务，历史地落在了马克思、恩格斯的肩上。马克思在对黑格尔历史哲学进行批判的过程中发现，黑格尔历史哲学保守封闭的体系中蕴含着珍贵的辩证法思想——整体性的思维原则和方法，在对黑格尔历史哲学进行革命性改造后，马克思提出关于社会历史进程的整体性思想。在马克思看来，一切现实的事物都是一个具有多方面内容的整体，这个整体的每个部分都内在地相互联系、相互作用，通过相互作用使部分成为整体的一个部分、一个环节；在认识过程中，首先要认识这些部分和环节，进而揭示出它们的内在联系，弄清这些部分和环节在整体中的地位和作用；因此，对事物的认识必须经历两个方向相反的过程，一是从表象中具体深入到内部的联系，二是按照内部的有序联系再逐渐上升到表面的规定，最后达到从整体上把握整个对象。马克思还把社会看作一个结构性整体，揭示了新世界观的根本特征之一就是整体性。坚持马克思主义整体性思想，就要求我们在认识事物的过程中，将对象和客体置于多重结构和复杂关系中来把握，避免思维的片面性、孤立性和静止性，反对思维的单一性、琐碎性和凌乱性；要把认识对象当作整体来看待，正确处理好整体和局部（属性、要素、关系、运动）及各个发展阶段之间的辩证统一。

（二）大学生思想政治教育整体有效性理念

思想政治教育的根本目的是提高人的思想政治素质。从人的本质意义上讲，思想政治素质是人的社会本质的表现；从人心理的内在结构上看，思想政治素质体现了知、情、意、行的统一。这表明人的思想政治素质所具有的整体性内涵，也决定了思想政治教育实践体系应有的整体性结构。从这个意义上理解,思想政治教育有效性就是思想政治教育这一实践活动,要全面、有效地实现提高人的思想政治素质这一预设目标,并能不断完善和提高这一教育实践活动的水平,促进思想政治教育实践活动本身的全面、协调、可持续发展。由此可见,在整体性视野中观照和研究大学生思想政治教育有效性问题,不仅是马克思主义理论学科发展的应有之义,还是大学生思想政治素质全面提升的内在需求,也是思想政治教育实践活动发展的逻辑必然。

以马克思主义整体性思想为指导,立足于人的思想政治素质所具有的整体性,遵循大学生思想品德形成与发展规律和大学生思想政治教育规律,在定位观上,科学确立思想政治教育在高等教育体系中的地位,摆正思想政治教育与智育、体育、美育等诸育的关系,协调发挥其他诸育的整体性育德功能;在目标指向上,坚持以人为本,确立"主体发展性"德育目标,以培养大学生全面发展的人格为根本,立足于大学生思想政治素质的整体性提升;在操作模式上,着力于学校各类德育资源的整体性配置,把思想政治理论课、日常思想政治教育、第二课堂活动、人文社会科学课程及各类专业课程的育德功能有机统一起来;在实施途径上,着眼于大学与中学、小学德育途径的纵向衔接,实现学校的主导作用、家庭的辅助作用、社会的影响作用的整体性发挥;在有效性评价上,着重于思想政治教育要素有效性、过程有效性和结果有效性的整体性评价,实现思想政治教育评价的"合需要性""合目的性"与"合发展性"的有机统一。

(三)大学生思想政治教育整体有效性的内涵与本质

人类的实践活动带有明显的目的性,作为人类的一项基本意识,有效性意识伴随着人类实践活动的产生而产生。在效用尺度的支配下,人类的实践活动在满足人类的相应需要、实现人类的相应目的方面所表现出的积极特性,就构成了人类实践活动的有效性。

大学生思想政治教育整体有效性,本质上体现的是思想政治教育这一实践活动所实现的整体性功能。价值理论中的功能说认为,价值是关系范畴,也是功能范畴或功效范畴。根据价值的这一本质特点,价值是主客体相互作用中客体对主体的积极效应或功效,这种理解使我们对价值本质的认识更具体,有利于回答价值到底是什么的问题,有利于确证价值的客观存在,也使我们对价值存在的认识更深入一步。根据价值的这一本质特点,我们从功能或功效出发去理解有效性,才能把握有效性的本质,使我们对有效性本质的认识更具体,有利于回答有效性到底是什么的问题,有利于确证有效性的客观存在,也使我们对有效性存在的认识更深入一步,基于这样的理解,我们才能对有效性进行建构。

那么,大学生思想政治教育整体有效性的本质体现的是大学生思想政治教育这一实践活动本身及其结果所具有的满足主体需求的功能属性;大学生思想政治教育整体有效性,是要考察大学生思想政治教育这一实践活动及其结果,在整体上满足主体需求的功能。因此,大学生思想政治教育整体有效性,需要各个要素整体发展,以系统思维考虑思想政治教育的要素、过程与结果的综合有效性,如德智体美劳综合协调共进,同时强调立德树人、德育优先的根本要求与原则。学校在其他要素中发掘、培育思政要素,达到课程思政的目标,实现课程思政与思政课程同向同行,整体协调推进思想政治教育有效性。

(四)大学生思想政治教育整体有效性的建构

作为一种价值属性的体现,有效性所指的是特定实践活动及其结果所具有的相应功能或功效,且这种功能或功效又是实践活动及其结果在与相应的价值关系中所表现出来的。离开了实践活动及其结果的特定属性,有效性便没有了得以确立的基础;离开了特定的价值关系,有效性也同样无从谈起。大学生思想政治教育有效性的本质体现的是大学生思想政治教育这一实践活动本身及其结果所具有的满足主体需求的功能属性,这种功能属性是由构成大学生思想政治教育这一实践活动的诸要素及其相互作用所构成的矛盾的运动过程和结果所决定的。在这个意义上,我们需要对大学生思想政治教育整体有效性进行双重建构:一是整体功能建构,即大学生思想政治教育活动及其结果的整体功能或功效建构;二是整体机制建构,即大学生思想政治教育实践活动本身机制建构。前者的建构重在保证大学生思想政治教育要素及其相互作用的结果的有效性,后者的建构重在保证大学生思想政治教育过程的有效性及其全面、协调、可持续提升。

总之,在整体性视野中观察和研究大学生思想政治教育有效性问题,是要以马克思主义整体性思想统摄大学生的思想政治教育和思想政治工作,创立大学生思想政治教育整体有效性理论,创新大学生思想政治教育有效性实践模式,建构大学生思想政治教育整体有效性的“理论—实践”模型,解决大学生思想政治教育整体有效性问题。这一问题的基本论域，一要阐发大学生思想政治教育整体性理念，二要阐释大学生思想政治教育整体有效性的本质与内涵，三要建构具有可操作性的大学生思想政治教育整体有效性运行模式。阐发大学生思想政治教育整体性理念对于阐释整体有效性的本质与内涵、建构整体有效性运行模式具有前提意义，是研究这一问题的逻辑起点；阐释大学生思想政治教育整体有效性的本质与内涵是大学生思想政治教育整体有效性研究的核心内容，既是对整体性理念的理论化描述，又是构建整体有效性模式的理论依据；建构大学生思想政治教育整体有效性运行模式是大学生思想政治教育整体有效性理论在实践中的提升，是我们加强与改进思想政治教育的基本依据。这三个方面具有紧密的逻辑关系，构成大学生思想政治教育整体有效性研究的基本问题。

二、研究的方法

(一)把握认识方法的整体性

马克思主义经典作家在阐述事物的整体性时，一般都会同时谈到事物之间的“相互联系”“相互作用”。恩格斯在《反杜林论》中总结人类几千年来思维方式发展的规律时概括说：古希腊哲学的世界观之所以“实质上是正确的”，就因为它“是一幅由种种联系和相互作用无穷无尽地交织起来的画面”[①]。又说：“我们所面对着的整个自然界形成一个体系，即各种物体相互联系的总体”，“这些物体是互相联系的，这就是说，它们是相互作用着的，并且正是这种相互作用构成了运动”。[②] 由此不难看出，从整体上考察事物，在方法上需要注意三个问题：其一，要把握事物的种种联系和相互作用交织起来的“总画面”“总联系”，首先要把握事物的各个细节，弄清各个细节在“总联系中的地位”，这样才能正确地把握事物“总画面的一般性质”。其二，既要看到“相互联系”的一面，即事物内部不同要素之间及其与外部其他事物之间的客观关系，把握事物的“整体性知识体系”；又要看到事物“相互作用”的一面，即事物内部不同要素之间及其与外部其他事物之间的运动关系，把握事物整体性知识体系的“各个细节”。其三，要看到“相互作用”是事物运

① 《马克思恩格斯选集》第3卷，人民出版社2012年版，第790页。

② 《马克思恩格斯选集》第3卷，人民出版社1972年版，第492页。

动、变化和发展的内在动力，是事物整体生态的实质内容，而“相互联系”则只是事物整体生态的外在形式，没有“相互作用”，也就无所谓“相互联系”。这就是说，考察事物的整体性要有整体性视野，要从事物的不同方面的相互关联的特性入手，通过分析和把握事物不同方面的相互作用，实现对事物的整体的把握。持这样的方法和态度来分析和把握思想政治教育这一客观存在，就要求我们对一切种类和类型的方法要有整体性视野，形成一种方法论的整体性。理解和把握思想政治教育有效性问题无疑应持这样的方法和态度。

（二）把握认识对象的整体性

马克思整体性思想是在反映客观世界整体性的基础上形成的。自然界是具有整体性的有机存在，人类社会也是具有整体性的有机存在，自然运动和社会运动作为两种基本的物质力量，它们通过人类实践构成了一个大的整体，即“自然—社会”系统。运用整体性方法来审视大学生思想政治教育的有效性，要把作为认识对象的大学生思想政治教育作为整体来把握。第一，大学生思想政治素质是具有整体性的有机存在。从人的本质意义上讲，思想政治素质是人的全部社会本质的表现；从人心理的内在结构上看，思想政治素质体现了知、情、意、行的统一；从人的思想政治观念看，思想政治素质又包括世界观、人生观、价值观、道德观等要素；从人的行为和能力看，思想政治素质包含认知、体验、实践、自我教育等能力要素。这表明人的思想政治素质所具有的整体性，也决定了思想政治教育实践体系应有的整体性。第二，大学生思想政治教育实践体系是具有整体性的有机存在。思想政治教育将实践作为其理论体系的基础，思想政治教育是建立在实践活动基础上的社会现象。实践是构建思想政治教育整体逻辑体系的出发点，表现在人的整体性活动，包括人的思想与行为、人与社会、施教者与受教者等诸多矛盾关系的处理。同时，实践是思想政治教育所有理论问题的基本视角，思想政治教育包含诸多理论问题，如思想政治教育的目标与原则问题、思想政治教育的内容与方法问题都是以实践为基础构建其整体性。第三，按照马克思整体性思想，大学生思想政治素质的整体性和大学生思想政治教育实践体系的整体性，是具体的又是历史的，是特定历史时期的具体整体与发展变化中的历史整体的有机统一，因此，必须在实践中全面把握认识对象的整体性。

(三)把握整体性的基本特征

以马克思主义整体性思想为指导,理论地再现整体性范畴,整体性是指客观事物的诸方面(属性、要素、部分、运动等)和各个发展阶段之间的相互依存、相互联系、相互影响和相互作用的有机统一性。在对大学生思想政治教育整体性的把握中,要厘清思想政治教育整体性的基本特征。第一,整体的客观性。思想政治教育的整体性,是指思想政治教育这一实践活动,以其构成要素相互联系、相互作用的整体性而客观存在。思想整体性是对对象整体性的客观反映,对思想政治教育的整体性认识,就在于在如实反映其历史原貌的基础上运用逻辑的方法把它们综合为一个思维的"统一体"。第二,整体的相对性。整体是随着条件的变化而处于经常性的变化中,而且在空间的排列和时间的持续上呈现出层次性;同一层次的各部分通过相互作用而构成高一层次的整体,不同层次整体的性质和功能不同。第三,整体功能耦合性。整体的功能是由构成整体的局部或要素的功能耦合而成的,整体结构的合理性、相互作用的有序性、局部功能的协同性、发展阶段的可持续性决定着整体的功能。思想政治教育有效性亦即思想政治教育整体功能的积极发挥,要在分析思想政治教育的不同要素、局部功能的相互作用的基础上,优化这一整体实践活动的结构,实现其整体功能最大化。

第三节　思想政治素质及教育功能的整体性建构

一、大学生思想政治素质整体建构的实现与过程

大学生思想政治素质是在社会实践的基础上,在客观外部环境与主观内部因素的影响下、主体思想矛盾运动的过程中形成与建构的。

社会价值导向客观制约着大学生思想政治素质建构。社会价值导向反映了一个社会基本价值目标和价值取向,是社会根本利益和主流文化的集中体现。大学生思想政治素质建构虽然具有主体性,但我们不能无限夸大这种主体性,任何主体能动性都是在社会价值的导向下发挥作用的。在大学生思想政治素质建构的过程中,无论是启动、选择、内化还是外化、反馈,社会价值、原则规范都起着导向和调整作用,这是因为,社会价值、原则规范是特定社会价值和要求的提炼,内在地包含着应当,指出了何者不当为,其

内容和精神符合社会整体利益的要求；此外，社会价值、原则规范作为一种外在的强制，它渗透在社会生活的方方面面，通过风俗习惯、社会舆论、模范人物、社会风气等表现出来，在这样一种特定的社会风气中，“从本质上讲，个人的自我价值定位或进行自我价值评判选择的标准是派生的，是社会一般价值取向的投射”[①]，“人们对社会的接纳、承认、重视是先定性的，个体会自觉不自觉地与社会现状或基本倾向保持一致，以获得稳定的安全感”[②]，社会认可是个体自我价值的源泉，只有获得社会认可，个体才会获得安全感、认同感和成就感。社会价值不仅影响着大学生思想政治素质构建的范围和广度，而且通过价值观念、规范原则，引导大学生自觉纠正偏离社会价值的行为，实现大学生思想政治素质的合社会性。

主观内部因素决定着大学生思想政治素质的建构。社会价值导向虽然深刻制约、影响着大学生思想政治素质的建构，但起决定作用的还是大学生自身因素，特别是大学生主体性的发挥。大学生思想政治素质的建构活动不是被动的、盲目的、消极的，而是主动的、积极的、有目的的。只有在主体意识的指导下，建构活动才能成为人的活动，主体自觉性使人成为活动的主体，使人既能把整个世界包容于心中，达到把握世界的目的，又能反观自身，把握自身内在的主观世界。在处理客观外界的要求、社会价值观念时，无论是选择、舍弃、改写、认同，起主导作用的往往都是主体自身。主体虽受环境的制约，但对众多的环境因素又有选择的自由，凭借自身的判断与辨别，主体可以决定对某些影响积极接受而对某些影响形成拒斥。当然，人的选择自由并不是绝对的，而是相对的，因为人毕竟只能在客观环境提供的范围内进行选择和比较，人的意志在根本上还是社会存在的反映。主体自觉性还体现在对自身行为的调节和控制，主体自觉性的重要表现是目的性，大学生思想政治素质建构是有目的、有意识的行为，在思想政治素质建构过程中，大学生主体不断地调节和控制自己的思想和行为，克服困难，向着预定目标不断前进，表现出自我克制、毅力、信心以及顽强不屈的精神状态。

大学生思想政治素质的建构就是这样在客观环境与主观因素共同作用下实现的，具体来说，大学生思想政治素质的建构经历了以下过程：(1)启

---

① 张琼、马尽举：《道德接受论》，中国社会科学出版社 1995 年版，第 10～11 页。

② 金盛华主编：《社会心理学》，高等教育出版社 2005 年版，第 63 页。

动。建构主体在社会实践过程中，接受到来自客观外界的大量的思想、政治、道德等信息，这些信息刺激了建构主体的需求，并产生了特定的动机，建构主体开始启动整个建构活动。(2)选择。建构主体运用一定的思维方式和思维方法，依据主观的或客观的评价标准，对进入认知领域内的各种思想政治信息进行价值判断，并将社会所要求的特定的思想观念、政治观念、道德观念与原有的思想政治素质基础进行比较，进而作出判断、筛选或取舍。(3)整合内化。建构主体通过选择、整理、融合，接受特定的思想、政治、道德等观念、规范，并将其纳入自己的态度体系，变为自己意识体系的有机组成部分，成为支配、控制自己思想、情感、行为的内在力量。(4)外化践行。内化的结果不能停留在认知阶段，必须由能动的主体意识转化为自觉的社会行为，即“外化”。所谓外化是指建构主体将自身由内化而形成的思想观点、价值观念、道德准则自主地转化为思想道德行为，并养成相应的行为习惯。良好的行为习惯是外化的结果，也是个体思想政治素质形成的标志。(5)反馈调整。反馈调整是建构主体经过建构过程的发生启动、选择获取、整合内化和外化践行，对其中取得的效果和结果，如所取得的成绩、存在的不足及外界的评价等进行归纳和总结，并在此基础上不断调整自己的思想观念和行为。反馈调整有利于建构主体及时调整目标，实现思想政治素质的螺旋上升。

二、大学生思想政治教育整体功能建构

1.建构大学生思想政治教育主体发展性目标体系

大学生思想政治教育以促进大学生的思想政治素质现代化为中心，以促进大学生思想政治素质的发展为根本。劳伦斯·科尔伯格(Lawrence Kohlberg)继承了杜威的发展性道德教育思想，强调“认知—发展”的道德教育。但“认知—发展”的表述忽视了道德情感和道德行为，因而是有局限性的。因此，我们所说的主体不仅是“认知主体”，同时也是“情感主体”和“行为主体”；我们所说的“发展”也不仅是“认知的发展”，而且也是“情感的发展”和“行为的发展”。“主体—发展性”表达了德育的本质属性，体现了现代德育以人为本的精神，突出了主体德行的发展。

主体发展性是大学生思想政治教育的整体特征。以培养大学生具有现代思想政治素质的主体人格为根本，大学生思想政治教育直接着眼于人，着

眼于人的思想政治素质的发展。主体发展性思想政治教育是教育者、受教育者能动地自主建构思想道德的对象性活动，是在教育者的组织领导下，教育者、受教育者共同参与的活动；是教育者的启发、引导、指导与受教育者的认知、体验、践行的互动；是教育者的价值导向与受教育者自主建构相统一的活动；是教育者与受教育者的相互教育与自我教育、教学相长、品德共进的活动。作为现代德育的根本指导思想，"主体—发展性"贯穿在思想政治教育活动的始终，贯穿在思想政治教育活动的各个方面。

2.建构"一个指导、三个吸收"相统一的大学生思想政治教育内容体系

建构大学生思想政治教育内容体系，要以社会主义核心价值体系为指导，吸取中国优秀传统思想文化精华，吸收世界思想文化精粹，吸纳在建设中国特色社会主义伟大实践中所创造出的先进思想文化成果。一是以理想信念教育为核心，深入进行树立正确的世界观、人生观和价值观教育。要坚持不懈地用中国特色社会主义理论体系武装大学生，深入开展党的基本理论、基本路线、基本纲领和基本经验教育，开展中国革命、建设和改革开放的历史教育，开展基本国情和形势政策教育，开展科学发展观教育，使大学生正确认识社会发展规律，认识国家的前途命运，认识自己的社会责任，确立中国特色社会主义共同理想和坚定信念。二是以爱国主义教育为重点，深入进行弘扬和培育民族精神教育。深入开展中华民族优良传统和中国革命传统教育，培养团结统一、爱好和平、勤劳勇敢、自强不息的精神，树立民族自尊心、自信心和自豪感。要把民族精神教育与以改革创新为核心的时代精神教育结合起来，引导大学生在中国特色社会主义事业的伟大实践中，在时代和社会的发展进步中汲取营养，培养爱国情怀、改革精神和创新能力，始终保持艰苦奋斗的作风和昂扬向上的精神状态。三是以基本道德规范为基础，深入进行公民道德教育。要认真贯彻《公民道德建设实施纲要》，以为人民服务为核心、以集体主义为原则、以诚实守信为重点，广泛开展社会公德、职业道德和家庭美德教育，引导大学生自觉遵守爱国守法、明礼诚信、团结友爱、勤俭自强、敬业奉献的基本道德规范。坚持知行统一，积极开展道德实践活动，把道德实践活动融入大学生学习生活之中。修订完善大学生行为准则，引导大学生从身边的事情做起，从具体的事情做起，着力培养良好的道德品质和文明行为。

3.建构以思想政治理论课教学为主渠道，主题教育活动与日常教育相结

合的大学生思想政治教育方法途径体系

建构大学生思想政治教育实施途径体系，要大力推进思想政治教育的学科建设，不断完善思想政治教育的课程体系，发挥思想政治理论课的主导作用。思想政治理论课是大学生的必修课，是帮助大学生树立正确世界观、人生观、价值观的重要途径，体现了社会主义大学的本质要求。要按照充分体现当代马克思主义最新成果的要求，全面加强思想政治理论课的学科建设、课程建设、教材建设和教师队伍建设，进一步推动中国特色社会主义理论体系进教材、进课堂、进大学生头脑。要联系改革开放和社会主义现代化建设的实际，联系大学生的思想实际，把传授知识与思想教育结合起来，把系统教学与专题教育结合起来，把理论武装与实践育人结合起来，切实改革教学内容，改进教学方法，改善教学手段。要加强对思想政治理论课的宏观指导，采取有力措施，力争在几年内使思想政治理论课教育教学情况有明显改善。

抓好以规范全程为特征的入学教育、国防教育、形势与政策教育、职业道德教育、社会实践教育、就业教育等主题教育活动，发挥主题教育的导向作用。开展多种形式的校园文化活动，大力加强大学生文化素质教育，开展丰富多彩、积极向上的学术、科技、体育、艺术和娱乐活动，把德育与智育、体育、美育有机结合起来，寓教育于文化活动之中，推进校园文化建设，营造健康向上、丰富多彩的校园文化氛围，发挥校园文化的潜移默化作用；深入开展社会实践，建立大学生社会实践保障体系，探索实践育人的长效机制，引导大学生走出校门，到基层去，到工农群众中去，建立社会实践与专业学习相结合、与服务社会相结合、与勤工助学相结合、与择业就业相结合、与创新创业相结合的管理体制，积极组织大学生参加社会调查、生产劳动、志愿服务、公益活动、科技发明和勤工助学等社会实践活动，使大学生在社会实践活动中受教育、长才干；要重视心理健康教育，根据大学生的身心发展特点和教育规律，注重培养大学生良好的心理品质和自尊、自爱、自律、自强的优良品格，增强大学生克服困难、经受考验、承受挫折的能力；努力解决大学生在学习、生活和成长发展中反映出来的思想和实际问题，提高思想政治教育的引导力、感染力和凝聚力；要帮助大学生树立正确的就业观念，引导毕业生到基层、到西部、到祖国最需要的地方建功立业。要进一步建立健全大学生就业指导机构和就业信息服务系统，提供高效优质的就业创业服务。通过服务育人、管理育人，把党和政府对大学生的关怀落到实处。

4.建构以党委领导、专职思想政治工作队伍为骨干、专兼职队伍结合、教学工作者与管理工作者结合的思想政治教育担当体系

一是党委统一领导，党政齐抓共管。学校党委的主要工作是分析研究思想政治教育工作的形势，制定思想政治教育的总体规划和年度计划，对大学生思想政治教育作出总体部署。二是专职队伍与兼职队伍相结合，形成由学校党政干部、共青团干部、“两课”教师、辅导员为主体的专职队伍。同时，发挥学校党政机关工作人员、广大专业课教师、服务人员的作用，学校所有教职工都有承担对大学生进行思想政治教育的责任，关心学生的学习、关爱学生的生活、关注学生的就业，做到教书育人、管理育人、服务育人。三是积极发挥社会力量的作用，采用“双进”模式，即邀请社会各界专家学者、杰出人物来校讲学，组织大学生深入社会、服务社会，为大学生思想政治教育工作营造良好的社会环境。四是依托班级、社团、学生会等学生组织，推进大学生自我教育、自我管理、自我服务。着力加强班级集体建设，组织开展丰富多彩的主题班会等活动，发挥团结学生、组织学生、教育学生的职能；加强对大学生社团的领导和管理，帮助大学生社团选聘指导教师，支持和引导大学生社团自主开展活动；高度重视大学生生活社区、学生公寓、网络虚拟群体等新型大学生组织的思想政治教育工作，选拔大学生骨干参与学生公寓、网络的教育管理，发挥大学生自身的积极性和主动性，增强教育效果。

第四节　思想政治教育整体有效性实施的保障

一、组织保障

（一）建立和完善高校思想政治教育行政运行系统

党委领导主要是制定思想政治教育的总体规划、作出思想政治教育的重大决策，规划、决策的执行与实施主要依靠校长及其领导下的行政系统。高校的校长应该是马克思主义的教育家，是献身党的教育事业的专家。为了大学生的全面发展，校长要对大学生德智体美全面发展负责，要把思想政治教育与教学、科研、社会服务结合起来，同时部署，同时检查，同时评估。只有这样，学校的各项工作才能在党委的统一领导下形成党政齐抓共管的统一的体系。随着高校教育体制改革的不断深化，高校行政部门在思想政

治教育中的重要作用也日益凸显。大学生思想政治教育的许多决策、规划离不开高校行政部门的参与和实施，必须建立和完善高校思想政治教育的行政运行系统，把思想政治教育渗透在行政业务工作和行政管理之中，强化行政管理部门的思想政治教育职能。首先，行政管理部门的领导干部要在党委的统一部署下，党政协调配合，共同参与高校思想政治教育工作重大问题的决策，要在领导高校的教学、科研、管理等业务工作的同时，经常分析广大师生的思想状况，切实做好师生的思想政治教育工作。其次，行政管理部门领导人要牢固树立思想政治教育意识，把思想政治教育融于学校管理之中，建立长效机制，使自律与他律、激励与约束有机地结合起来，有效地引导大学生的思想行为。最后，行政部门领导要为高校思想政治教育工作的开展创造条件，提供人、财、物方面的保障，努力促进教书育人、管理育人、服务育人的良好氛围和工作格局。

（二）建立和完善高校思想政治教育合力机制

高校思想政治教育在党委的统一部署下，党政齐抓共管，与此同时还要建立和完善高校思想政治教育合力机制，努力形成高校思想政治教育各部门、各主体相互配合、彼此联系、共同推进的合力局面。首先，要形成高校党、政、团、学等部门思想政治教育的合力。党委主要是制定思想政治教育目标、计划，对思想政治教育重大问题进行决策；行政部门既参与学校思想政治教育部分重大问题的决策、讨论，又通过行政管理具体落实各项思想政治教育计划和决策；团委、学生处在全校范围内配合各院系开展思想政治教育，组织各项校园文化活动、社会实践活动。党、政、团、学、院系各部门应相互沟通、相互协调。其次，要形成高校党政干部、共青团干部、思想政治理论课教师、哲学社会科学课教师、班主任、辅导员等各教育主体的合力。各教育主体因部门性质和分工不同，在思想政治教育方法和途径上存在差异，有各自的工作规律、职责与分工，但要避免各自为政，应加强合作、沟通与支持，从而取得事半功倍的效果。总之，高校思想政治教育作为一个系统，追求的是整体效应，思想政治教育组织领导必须采取各种措施，促进各部门、各教育主体既分工明确又协同作战，形成合力。在部分高校，专门成立了由党政领导、院系、团、学主管领导以及德育专家组成的思想政治教育委员会，统筹安排、协调整个学校的大学生思想政治教育，这一机构的建立有利于高校整合不同的思想政治教育资源，促进各教育资源的互动，形成各教育资源的合力,有利于创建党政协调、专兼结合、主辅相配、全员育人的工作局面,值得在实践中进行推广。

二、工作队伍保障

(一)建设结构合理、专兼配合的思想政治教育工作队伍

思想政治教育工作队伍的结构主要包括年龄结构、学历结构、职称结构等。从年龄结构来看,思想政治教育工作队伍中,老、中、青三代年龄结构有三种模式:一是老、中、青三代呈正三角形模式,即青年人多于中年人,中年人多于老年人,这种结构有利于队伍的"传、帮、带",有利于队伍的稳定和持续发展,被称为"前进型"结构。二是呈纺锤形模式,两头小,中间大,虽有利于眼前工作开展,却后继乏人,不利于队伍未来的发展,被称为"静止型"结构。三是呈倒三角形模式,老年人多于中年人,中年人多于青年人,因老年人太多,难以胜任工作,被称为"衰退型"结构。显然,高校思想政治教育工作队伍应建立"前进型"年龄结构,避免或改造"静止型""衰退型"年龄结构。在学历结构方面,与高校专业教师相比,思想政治教育工作队伍学历普遍偏低,目前仍然是本科及以下学历占多数,研究生学历占少数,博士生学历占比极小。在职称结构方面,思想政治教育工作队伍中低级职称比例大,高级职称比例小,这些状况显然不利于思想政治教育工作者全面、高效地开展教育。在大学生思想政治教育工作队伍建设过程中,应尽量将以上三种结构调整到最佳状态。

思想政治教育工作队伍中的党政干部、共青团干部、思想政治理论课和哲学社会科学课教师、辅导员和班主任是专职从事思想政治教育的人员,他们是高校思想政治教育的核心和骨干,在大学生教育活动中起主导作用。除了专职人员,思想政治教育工作队伍还应当吸收一定比例的兼职人员。兼职人员的来源主要是高校退休教师、党务管理干部、专业教师、研究机构人员等。聘用兼职人员从事思想政治教育工作,可以有效缓解当前高等教育大众化迅猛发展造成的思想政治教育资源的有限性和需求的迅速扩大性的矛盾,可以调动更多的人参与、从事思想教育活动,扩大思想政治教育的覆盖面和影响力,为思想政治教育工作队伍注入新鲜活力,当然,专职人员和兼职人员也应该结构合理,做到以专职人员为主、兼职人员为辅,兼职人员和专职人员相配合,群策群力,共同提高思想政治教育实效。

（二）建立健全思想政治教育工作者“乐教”机制

思想政治教育工作者具备良好的素质，还必须对思想政治教育工作真心喜欢、真心热爱，真正“乐教”，才能以高度的激情投入工作，不断改进工作方式，提高工作的成效。

实践中，与学校的其他教职员工相比，思想政治教育工作者责任大、任务重、付出多，但是待遇低、受尊重程度低，职业发展空间狭小，严重影响了“乐教”心理的形成。以思想政治理论课教师为例，他们既要成为社会主义理论宣讲者，又要联系大学生实际解疑答惑，成为大学生成长的指导者和引路人，因师资力量不足，他们承担着比专业课教师多几倍的教学工作量，但是，由于对学生进行世界观、人生观、价值观教育，内容上似乎“务虚”，教学效果又具有潜在性，不能“立竿见影”，导致广大师生对思想政治教育十分轻视，思想政治教师受尊重程度低，自信心、自豪感严重受打击。此外，由于教学任务繁重、琐碎，投入科研的时间有限，又由于基础学科特别是政治理论学科创新较难、思想政治理论课项目很难争取，与大部分专业教师相比，思想政治理论课教师出科研成果要难得多。而在高校现行管理体制下，虽然强调教学科研并重，但由于教学质量无法量化，考核中科研便成了硬性指标，与津贴、职称、晋升、评优等直接挂钩，科研成果相对不多使思想政治理论课教师在津贴、职称等方面均处于不利地位。

三、经费运营保障

（一）确保大学生思想政治教育基本设施、设备建设

基本设施、设备是大学生思想政治教育的基本物质保障，是开展大学生思想政治教育必不可少的物质条件。如，思想政治教育工作部门的活动场所、学生心理咨询的场所、学生群体活动的场所、开展大学生就业服务工作所需的场所等。又如，思想政治理论的教育教学也必须有基本的物质保障，包括专题图书、教学资料、计算机、多媒体设备等，教师要提高教学效果，就离不开现代化教学手段，在多媒体教学中，软件的开发、教学网站的建立、信息的发布都离不开一定经费的支持。学校应根据大学生思想政治教育的发展情况，不断地改善和优化基本设施和条件。

（二）确保大学生思想政治教育工作的专项经费

思想政治教育活动的关键在于建设一支精干、高效的思想政治教育工

作队伍，必要的专项经费则是建设这支队伍的物质基础。高校要确保思想政治教育专职人员待遇不低于专业教师待遇，确保思想政治工作者的学习进修、培训提高、社会考察、表彰奖励，以及组织思想政治教育理论研究、课程建设、实践调查、聘请专家学者指导、参与教育活动等所需的经费。

（三）确保贫困生资助经费

贫困生是高校的弱势群体，比其他大学生群体更需要思想上的关注和理解、心理上的沟通与疏导。对贫困生进行思想政治教育是大学生思想政治教育的重要任务，直接关系到校园的和谐和稳定。加强贫困生的思想政治教育，必须高度重视对贫困生的扶贫工作，把物质扶贫和精神扶贫结合起来。因此，学校必须加大贫困生扶贫力度，完善助学贷款政策，设立学校勤工助学岗位，特别是要设立贫困生专项资助经费，扩大高校奖、助、补、减的资助，帮助贫困学生解决经济困难。

四、环境支持保障

（一）创造良好的校园物质环境

创造良好的校园物质环境主要是根据校园建设规划，改善设施，美化环境，建设能够体现大学精神的优美校园。大学里那些独具匠心的校园建筑，那些独具特色的建筑艺术，构成了不同的大学风格。校园建筑其实是一种文化符号，它传达着教育者的理念，蕴含着大学的精神，是校园里无声的教师。校园里的建筑、设施、绿化、装修，宿舍的管理、清扫、服务等都是长期陶冶学生品性和心理的因素，优美的校园环境不仅是“人化”的结果，而且具有“化人”的作用，能使学生受到潜移默化的影响。良好的校园物质环境建设需要整体设计和规划，如根据学校的特色设计既体现民族特色又具有现代风格的教室、图书馆、体育场等设施，根据学校的传统、培养目标设计不同的雕塑、景观等；良好的校园物质环境建设还需要加强管理和维护，要对师生尤其是学生进行环境意识教育，提高学校师生员工的环保意识，要设计各类活动，让学生通过义务植树、义务劳动等形式参与到环境建设当中来。整洁、文明、稳定、优美的校园环境，既是学生健康成长的场所，也是学生文明素养养成的有力保障。

（二）建设良好的校园文化环境

广义的文化包括物质文化和精神文化。这里所指的是狭义的文化，即精神文化。它是学校所具有的特定精神环境和文化气氛，主要包括校园历史传统和被全体师生员工认同的共同文化观念、价值观念、生活观念等意识形态，是一个学校本质、个性、精神面貌的集中反映，具体体现在校风、教风、学风、班风和学校人际关系上。加强校园文化环境建设，应着重加强包括校风、教风、学风、班风在内的校园风气建设。要提炼学校的办学理念、打造风格迥异的大学精神，设计独具特色的校训、校徽与校歌，增强全校师生的凝聚力、荣誉感、自豪感；要抓好教风和学风建设，在全校形成干部职工实事求是、艰苦奋斗、勤政廉政、团结协作、高效严谨、服务周到，广大教师认真负责、耐心细致、治学严谨、开拓进取、为人师表、教书育人，全体同学勤奋学习、积极向上、严谨求实、自强不息、尊师重教、遵纪守法、举止文明、行为高雅的良好局面；要充分发挥学生的个性特长，开展学生喜闻乐见的丰富多彩的学术、科技、体育、娱乐等活动，弘扬主旋律，培养学生对社会主义文化和民族文化的认同感，自觉抵制消极、落后的思想侵蚀和渗透；要从实际出发，引导学生成立各类兴趣小组、社会团体，开展形式活泼、多姿多彩的社团活动和实践活动，使学生开阔视野、提高能力、陶冶情操；还要在全体师生员工中营造尊重、平等、诚信、宽容、互助、和谐的人际关系，促进广大师生员工的密切合作，形成团结统一的集体，更好地发挥整体效应。良好的校园风气一旦形成，就会像空气一样弥漫于校园，通过暗示、模仿、从众、认同等心理机制，对大学生健康成长以及思想政治素质的提高起到熏陶和引导作用。

（三）营造良好的校园网络环境

为大学生营造健康良好的网络环境刻不容缓，高校应做好以下方面的工作：第一，帮助大学生认识网络的本质，学会科学地利用网络获取知识与信息，培养基本的网络素养。第二，开展网络道德教育，引导大学生自觉避免沉迷网络，倡导网络文明，养成网络自律精神。第三，制定网络道德标准和法律规范，规范大学生的网络行为，避免大学生网络犯罪、网络侵权。第四，加强监控和管理，高校应成立专门的网络管理机构，依靠技术手段，对不良信息进行拦截、过滤和清理，营造“绿色网站”、健康网站。第五，积极创办思想政治理论网站，如“红色网站”“学理论网站”等，“以科学的理论武装人，以正确的舆论引导人，以高尚的精神塑造人，以优秀的作品鼓舞人”，坚持正面宣传，弘扬主旋律，抵制打击歪风邪气，从而营造良好的网络舆论环境。

第六章 思想政治教育价值问题研究

思想政治教育价值问题在整个思想政治教育学理论体系中占有重要地位。本章主要论述了思想政治教育价值概述、思想政治教育价值的生成与形态、思想政治教育价值的实现与评价等内容。

第一节 思想政治教育价值概述

一、思想政治教育价值的内涵

思想政治教育价值作为价值的一种，与一般价值既有相同之处，也有自己的独特之处。与物的价值相比较而言，思想政治教育价值具有明显的不同。

（一）思想政治教育价值的含义

理论界对思想政治教育价值的定义有多种。当前比较有影响的观点认为："思想政治教育价值，是人和社会在思想政治教育实践—认识活动中建立起来的，以主体的思想政治品德形成和发展规律为尺度的一种客观的主客体关系，是思想政治教育的存在及其性质是否与人的本性、目的和需要等相一致、相适合、相接近的关系。"[①]这一定义立足实践，紧紧抓住"关系"二字，指出了思想政治教育价值产生的过程和价值的主体(人与社会)，有较大理论贡献，同时也引发了诸多思考。第一，人是思想政治教育价值的主体，思想政治教育价值的尺度，自然应当是人的发展，而不是"人的思想政治品德形成和发展规律"。第二，思想政治教育是以自身的属性和功能来满足人

---

① 张耀灿等:《现代思想政治教育学》，人民出版社2006年版，第162页。

的需要,而不仅仅是其“存在及其性质”。

我们认为,思想政治教育价值,是作为价值主体的人和社会在思想政治教育实践中建立起来的一种积极的主客体关系,是思想政治教育以自身属性和功能满足人和社会发展需要以及人和社会发展需要被思想政治教育所满足的关系,是思想政治教育对人和社会发展的积极作用。

把握思想政治教育价值的定义,应当明确以下几点:第一,价值是个关系范畴,思想政治教育的属性、功能与人和社会的需要之间必须构成满足与被满足关系,思想政治教育价值才能得以形成。第二,强调作为价值主体的人和社会的需要在思想政治教育价值中的重要地位。马克思主张“从主体方面去理解”[①]。相比较而言,思想政治教育价值在更大程度上取决于作为价值主体的人和社会的需要,而不是作为价值客体的思想政治教育自身的属性和功能。价值客体的属性和功能是相对稳定的,价值主体的需要则是易变的。不同价值主体可能有不同需要,同一价值主体在不同条件下也可能有不同需要。思想政治教育价值以其主体的需要为尺度,随价值主体需要的不同而不同。第三,思想政治教育所满足的主要是社会性需要、精神性需要,集中体现为对人和社会发展的促进作用。第四,思想政治教育价值与物的价值具有明显的不同。物是以其自身属性和功能直接满足人的需要,从而体现出价值。思想政治教育价值则是通过作用于人(教育对象)的思想,引起思想的改变,进而引发行为的改变,然后以这种改变了的行为作用于实践进而产生积极的结果。

(二)思想政治教育价值的主客体

思想政治教育价值作为一种主客体关系,价值主体和价值客体是其基本构成要素。

1.思想政治教育价值的主体

思想政治教育价值的主体,就是指对思想政治教育具有需要,并对思想政治教育进行评价和调控的个人或人们的共同体。我们可以从三个方面来理解思想政治教育价值的主体:

第一,思想政治教育价值主体是对思想政治教育具有需要的主体。价值来源于客体的属性和功能,取决于主体的需要,离开了主体的需要,价值

---

① 参见《马克思恩格斯选集》第1卷,人民出版社2012年版,第133页。

就不能产生。正因为价值主体有提高思想政治素质的需要，才有了思想政治教育的存在，才形成了思想政治教育价值。

第二，思想政治教育价值主体是对思想政治教育进行评价的主体。思想政治教育价值是否实现、在何种程度上实现，取决于思想政治教育是否满足价值主体的需要、在何种程度上满足价值主体的需要，这就涉及评价问题。这种评价不仅是对思想政治教育价值主体的需要是否得到满足的评判，也是对思想政治教育自身的属性是否得以体现、功能得到何种程度发挥的评判。价值以主体的需要为尺度，主体的需要构成价值评价的基本标准。因此，思想政治教育价值主体也是思想政治教育价值评价的主体。这就要求思想政治教育满足自身的发展需要，并据此判断思想政治教育的价值。

第三，思想政治教育价值主体是对思想政治教育进行调控的主体。不同价值主体对思想政治教育有不同需要，同一价值主体在不同时期对思想政治教育的需要也可能有所不同。价值主体根据自身需要，对思想政治教育提出多种要求，改变着思想政治教育的内容、方法，实现着对思想政治教育的调控。这种调控不仅是对思想政治教育属性和功能的体现与发挥的调控，实际上也是对主体需要的调节。

从总体上说，思想政治教育价值的主体是人。正如有学者所言："现实的、具体的、社会的'人'并不是一个单一的抽象，而是有着个体、群体和类等多个层次的复杂生命体系。"①思想政治教育价值的主体也不是抽象的、唯一的，而是具体的、多样的，包括个体主体、集体主体和社会主体。

由于人总是生活在一定的集体中，总是一定社会的一分子，因此，思想政治教育价值的个体、集体、社会三个主体是对立统一的。尤其是在社会主义时期，人民的根本利益是一致的，思想政治教育价值的个体主体、集体主体、社会主体从根本上讲是统一的。个体主体是基础，集体主体是中介，社会主体是根本。思想政治教育不仅能满足社会发展的需要，也能满足个体发展的需要。思想政治教育就是按照人的发展规律和社会发展方向来培养人，使之成为符合社会发展要求的合格社会成员。

2.思想政治教育价值的客体

思想政治教育价值的客体，是指满足思想政治教育价值主体需要的对

---

① 李德顺：《学科与学说：价值研究的层面》，《哲学动态》2002年第10期。

象，也就是思想政治教育自身。思想政治教育是一种塑造社会成员思想政治品德的社会实践活动。这种社会实践活动，是以人为对象的，是人对人的改造活动，具有培育和提高人的思想政治素质的功能和属性。它包含教育者、教育对象、教育内容、教育方法、教育目标等要素。思想政治教育与一般的价值客体有明显的不同。在一般的价值关系中，尤其是以物为客体的价值关系中，价值主体是能动的，而价值客体则是受动的，这种价值关系实质上就是客体的主体化。然而，思想政治教育价值的客体不同于一般价值的客体，它具有能动性。因为作为价值客体的思想政治教育本身也是由人（教育者）来开展的。教育者所开展的教育活动是有目的、有计划、有组织的。他能根据社会要求和教育对象的实际情况确定教育内容、选择教育方法、调控教育进程，并将思想政治教育价值主体的需要、愿望反映在思想政治教育中。这与物作为价值客体所处的受动地位截然不同。

值得注意的是，思想政治教育价值的主体和客体不同于思想政治教育的主体和客体。思想政治教育的主体是思想政治教育的承担者、发动者、实施者，是从事思想政治教育的人或组织；思想政治教育的客体，是教育者认识、改造的对象。

二、思想政治教育价值的特征

从不同角度看，思想政治教育价值具有多种特征。多角度把握思想政治教育价值的特征，是深刻理解思想政治教育价值的需要，也是实现思想政治教育价值的需要。

（一）有效性与有限性

价值作为一个关系范畴，其显著特征就是有效性，即客体对主体有用，客体能以自身属性满足主体的某种或某些需要。如果没有有效性，也就不存在价值，客体对主体而言就毫无意义。思想政治教育之所以具有价值，就在于它能满足人和社会的存在与发展需要。思想政治教育是一种精神生产活动，它塑造人的灵魂与品格，解决人生的发展方向和动力问题，直接创造着精神生产力。思想政治教育能帮助人们形成正确的世界观、人生观和价值观，帮助人们树立正确的人生发展方向和奋斗目标，为人们提供精神支持和精神动力，能提高人的思想政治素质，帮助人们自我完善、自我实现。思想政治教育不仅能帮助人们解决人生理想等长远问题，也能帮助人们解决许多现实问题，如协调人际关系、缓和利益矛盾、传播主流意识形态等。一言以蔽之，思想政治教育能促进人和社会的发展，这是思想政治教育价值有效性特征的根本体现。

但是，任何事物的作用都是有限度的，思想政治教育也不例外。思想政治教育作为一种社会实践活动，其价值要受多种因素的影响。一是受社会生产力发展水平的制约。经济基础决定上层建筑。思想、政治、道德均属于上层建筑，它们建立在一定的经济基础之上，其发展程度、速度及其作用的发挥都取决于生产力的发展水平。此外，人的思想认识、道德水平的提高也是建立在生产力发展基础之上的。同时，思想政治教育作为一种精神生产活动，它离不开一定的物质条件，它需要教育场所、教育设备和相关资料。因此，从社会生产力的角度看，思想政治教育价值在一定时期内是有限的。二是受思想政治教育自身发展的限制。思想政治教育作为一种实践活动，具有悠久的历史，但作为一门独立的学科则只有30余年历史，思想政治教育的学科体系尚在不断发展和完善之中，使思想政治教育实践呈现出一定程度的多样性和不确定性，影响了思想政治教育价值。三是受教育对象的影响。思想政治教育作为一种主客体间双向互动的社会实践活动，其价值要受教育对象的知识水平、人生经历等因素的影响，尤其是教育对象自身需要的影响。不同的教育对象有不同的需要类型和层次，因而对不同的教育对象而言，思想政治教育对其需要的满足程度是不同的，并且，思想政治教育只能满足教育对象的某种或某些需要，而不能满足其全部需要。四是从历史发展的角度看，思想政治教育价值具有有限性。它是人类社会发展到一定阶段的产物。随着社会的发展，阶级、政党、政治等都会逐渐消亡，思想政治教育也不例外。

思想政治教育价值是有效性与有限性的统一。在思想政治教育发展过程中，曾出现过“万能论”和“无用论”两种极端对立的、对思想政治教育价值的非科学评价。前者是人们从思想政治教育在革命、建设和改革中取得的巨大成就出发，推衍出思想政治教育能解决发展中的一切问题。后者是人们从思想政治教育在特定历史阶段所扮演的角色及自身好恶出发，认为思想政治教育是为政治斗争服务的，不能直接创造物质财富，在改革开放的今天，已经失去了存在价值。这两种观点都是不客观的。我们要实事求是地对待思想政治教育价值。一方面，要充分肯定思想政治教育价值是巨大的，它能通过提高人的思想政治素质来提高人的综合素质，激发人的积极性和创造性，从而促进人的发展和社会的发展。另一方面，也要看到思想政治教育价值是有限的。意识形态本身的作用就是有效性与有限性的统一，并非无限的。作为意识形态的重要传播途径，思想政治教育的作用不能盲目夸大。思想政治教育不能脱离经济基础而孤立地存在，不能凌驾于经济工作和其他工作之上，也不能背离自身的发展规律。片面夸大或完全否认思想政治教育价值，对国家、对社会、对个人、对思想政治教育都是有害的。因此，在实践中，我们既要充分肯定思想政治教育对人和社会发展所起的促进作用，又不能片面夸大它的作用。

（二）独特性与多样性

思想政治教育价值的特征，又表现为它的独特性。所谓独特性，就是指对不同的价值主体而言，思想政治教育价值是不同的。价值具有属人性，具有相应需要的主体是价值关系的中心。思想政治教育价值是在思想政治教育与特定主体的关系中体现的。价值的形成、内容、大小及其发展变化，同价值主体直接相关，它依赖于特定的价值主体，随价值主体的不同而不同，随价值主体的变化而变化。换言之，思想政治教育是否有价值、有多大价值，在相当程度上取决于价值主体的需要及其强度。思想政治教育价值，不论是社会价值、集体价值，还是个体价值，其产生都是以作用于人的思想为前提的。可以说，思想政治教育价值直接联系着、表现着特定的人的素质、能力和需要等方面的特点。现实的、具体的人是千差万别的，其知识水平、人生经历、能力结构、需要类型和层次都各不相同，其价值尺度也各不相同。所以，当我们在考察思想政治教育价值时，往往发现对不同的人（也包括处于不同条件下的同一个人）而言，思想政治教育价值的内容和价值量的大小都是有所不同的。同一教育内容，对某些人而言是很有价值的，但对某些人却不一定有价值。这是因为每个人都是独特的，有自己的不同需要，而价值建立在需要的满足的基础之上，不能满足需要，也就谈不上价值。因此，由于价值主体尤其是人的独特性，思想政治教育价值也具有独特性。

思想政治教育在满足主体需要时，又表现出多样性特征。所谓多样性，就是指思想政治教育能满足价值主体的多种需要，形成多种具体价值。一方面，价值主体的需要是多样的。对思想政治教育的每一个价值主体而言，具体的价值是多样的、多层次的。每一个价值主体都有自己多方面的需要，每一种需要都可能同思想政治教育形成一定的价值关系，从而满足价值主体的某种或某些需要，产生一定的价值。对人而言，其需要有多种类型，可分为物质需要、精神需要，生存需要、发展需要、享用需要，生理需要、安全需要、爱的需要、尊重需要、自我实现的需要，等等。相应地，思想政治教育价值也是多样的。它能调动人生产的积极性和创造性，激发人的主体意识和竞争意识，从而推动生产力的发展，创造更多的物质财富，以满足人们的物质需要。它能塑造德行、陶冶情操、充实情感、提高精神境界、丰富生活意义，使人们获得崇高感、价值感、幸福感和自由感，得到精神的愉悦和享受。例如，对大学生来讲，他们既有学习专业知识、掌握业务技能的需要，也有健全人格、提高思想政治素质等需要。思想政治教育可以不同程度地满足这些需要。另一方面，思想政治教育的功能也是多样的，可满足价值主体的多种需要，形成多种价值。

思想政治教育价值具有独特性与多样性，这就要求思想政治教育要将思想政治教育的属性、功能与价值主体的实际需要紧密结合起来，不能千篇一律，要因人而异，不能一成不变，要随价值主体需要的变化而变化，以满足价值主体的需要。这可以说是提高思想政治教育实效性的根本要求。

（三）滞后性与超前性

思想政治教育价值还具有滞后性特征。所谓滞后性，就是指思想政治教育对价值主体产生实际作用通常需要一定时间，并非立竿见影。首先，思想政治教育价值的实际显现需要一定时间。我们不能只把思想政治教育价值理解为对主体需要的满足。思想政治教育价值的真正体现是思想政治教育对主体产生实际的效用，促进了主体的发展。但是，思想政治教育的产品主要是精神成果，如各种思想观念。这些精神成果要转化为行为，并产生良好的行为效果，需要一定的主客观条件。在条件不具备的情况下，思想政治教育价值就难以体现。其次，价值主体对价值客体属性和功能的认识需要时间。只有认识了的东西，我们才能深刻理解。只有充分认识思想政治教育的重要性、必要性，深刻理解思想政治教育内容，才能实现内化和外化，思想政治教育价值才能得以实现。思想政治教育价值的实现不是客体作用于主体的单向过程，而是主客体间相互作用的双向互动过程。这一过程不仅是价值主体的精神化，而且也是价值客体的人化。为了思想政治教育价值的实现，价值主客体各自克服自己的片面性，相互联系、相互补充。价值客体以自身属性和功能作用于价值主体，满足价值主体的需要；价值主体以自身的需要、能力对价值客体的属性和功能进行认识、筛选、利用，使之服务于自己的发展。但是，在一定条件下，由于价值主体自身素质、能力等因素的限制，而不能充分认识思想政治教育的属性和功能，这就会影响思想政治教育价值的实现。再次，教育对象正确认识自己的需要有一个过程。教育对象由于受自身能力素质、知识结构、人生经历等因素的影响，常常对自己的需要缺乏科学的认识。尤其是难以将个人需要与社会需要、当前需要与长远需要统一起来，对那些符合社会发展要求、有利于人的全面发展，但需要较长时间、较多努力去满足的需要不够重视。同时，也看不到这些需要与思想政治教育之间的关系。这就有赖于教育者的启发、引导和帮助，使他们认识到那些合乎人和社会发展要求的需要的重要意义，以及思想政治教育在满足这些需要方面的重要作用。

思想政治教育价值又具有超前性特征。这里所说的超前性是指思想政治教育不仅满足价值主体当前的需要，而且还要体现其发展需要。思想政治教育的目标——人的全面发展，就是其超前性的一种体现。在马克思主义看来，人的发展最终体现为人的全面而自由的发展，包括人的能力的全面发展、个性的充分发展、需要的丰富、社会关系的丰富，等等。尽管在马克思主义看来，人的全面发展要在共产主义社会才能实现，但这并不是说现阶段我们就是无所作为的，我们同样可以为实现人的全面发展而努力。马克思主义认为，教育与生产劳动相结合是实现人的全面发展的重要途径。思想政治教育对人的全面发展起着不可忽视的促进作用。它主要是提高人的思想政治素质，思想政治素质不仅是人的素质结构中的一种，而且是最为重要的一种，它决定着人的综合素质的发展及其作用的发挥程度和实际效益。一个全面发展的人，必然是一个具有很高的思想政治素质的人。同时，思想政治教育不是自发地进行的，它是在马克思主义政党——中国共产党的领导下进行的，它自然要受党的性质、宗旨、目标等因素的影响，这些因素贯穿于思想政治教育的始终，也体现在思想政治教育价值之中。中国共产党为实现共产主义而奋斗，思想政治教育也把培养共产主义建设者作为自己的远期目标，引导教育对象为实现共产主义而奋斗。在现实社会中灌输未来社会的内容与要求，这自然是超前性的一种体现。

思想政治教育价值的滞后性特征，要求我们在实践中不仅要重视思想政治教育的实施，而且要引导人们正确地认识思想政治教育的属性和功能，以促进思想政治教育价值的实现。思想政治教育价值的超前性特征，要求思想政治教育要不断丰富自己的教育内容、不断改进自己的教育方法，以满足价值主体日益增长的需要。这要求思想政治教育不能只从现有条件出发，只解决人们的现实问题，只满足人们现在的需要，而要面向未来，面向人的全面发展，不断丰富自己的内容体系、方法体系，使思想政治教育更具前瞻性，真正做到为社会培养新的人。

有效性与有限性、独特性与多样性、滞后性与超前性，共同构成了思想政治教育价值的基本特征。它们共同反映着思想政治教育价值的生成、形态、实现和发展。当然，思想政治教育价值的特征还表现在其他方面，可以从不同角度进行概括。①

第二节 思想政治教育价值的生成与形态

一、思想政治教育价值的生成

（一）思想政治教育价值生成的根源

思想政治教育价值生成的根源问题就是思想政治教育价值由何而来的问题。价值是一种主客体关系，价值的生成与客体密切相关。若客体不具备一定的属性和功能，就不能产生价值，但这绝不是说只要客体具有一定的属性和功能它就有价值。客体所具有的属性和功能只是价值的物质承担者，并不是价值本身。客体具有一定的属性和功能，只能说它具有满足人的需要的可能性，这种可能性要转化为现实的价值离不开主体的创造活动。只有主体的活动融入客体属性之中，价值才能产生。价值是在客体同主体发生关系的过程中产生的，是人的实践在客体的固有属性和功能的基础上创造出来的。② 在实践中，主体改造客体以满足自身需要，同时又改造了主体自身，产生了新的需要，从而形成并不断改变着客体对主体的价值。因此，要揭示思想政治教育价值的生成根源，就应当从作为其主体的人和社会入手。

---

① 参见闵绪国：《试论思想政治教育个体价值的特征》，《学校党建与思想教育》2005 年第 12 期。

② 参见李连科：《价值哲学引论》，商务印书馆 1999 年版，第 96 页。

（二）思想政治教育价值生成的要素

价值是客体以自身属性和功能满足主体需要以及主体需要被客体所满足的关系。主体需要、客体属性与功能是价值的基本构成要素。对于思想政治教育价值而言，思想政治教育价值主体的需要、思想政治教育自身的属性和功能是其基本构成要素。

（三）思想政治教育价值客体的属性和功能

思想政治教育价值的客体，即思想政治教育自身。因此，思想政治教育价值客体的属性和功能，就是指思想政治教育的属性和功能。这是思想政治教育价值生成的前提条件。

二、思想政治教育价值的形态

作为一种复杂的社会实践活动，思想政治教育具有多方面的价值。这些价值具有丰富的表现形式，可以从不同的角度来考察。

（一）正价值和负价值

从性质角度来看，思想政治教育价值可分为正价值和负价值。思想政治教育的正价值，是指思想政治教育实现自身目标，对人的发展和社会的进步所起的促进作用。思想政治教育正价值的实现，有赖于思想政治教育实践的有效开展。具体而言：一是思想政治教育的性质本身是进步的，体现的是进步社会力量的利益；二是思想政治教育内容科学，符合社会发展要求，符合人的思想发展规律；三是教育方法得当，既符合教育对象实际，又能很好地表现教育内容。此外，还需要具备良好的外部条件，如积极向上的社会风气等。

思想政治教育的负价值，是指思想政治教育没有达到预期目标，没有满足思想政治教育价值主体的需要，甚至还产生了负面作用。具体而言，主要有以下几种情况：一是由于教育者的素质和能力不符合思想政治教育的需要，教育者对教育目标、教育内容把握不准确，或教育方法使用不当，或对教育对象缺乏科学分析，等等，致使思想政治教育的预期目标未能达到。二是思想政治教育不切实际，大搞形式主义，表面上热热闹闹，实际上是走过场。三是指导思想出现偏差。在这种前提下，不仅没有发挥思想政治教育应有的作用，反而败坏了思想政治教育的形象。这样一来，思想政治教育的作用自然是负面的。

需要说明的是，负价值实际上并不是思想政治教育的价值。也就是说，思想政治教育价值特指正价值。正如前文所述，思想政治教育价值是思想政治教育对人和社会发展的积极作用。这里之所以讨论负价值，目的在于剖析思想政治教育产生负面作用的原因，以改进思想政治教育，促进其价值的实现。另外，从理论上讲，思想政治教育还有零价值，但在现实中，只要开展了思想政治教育，对价值主体就会产生积极或消极的影响。

（二）显价值和潜价值

从形成过程角度来看，思想政治教育价值可分为显价值和潜价值。显价值，就是指思想政治教育在现有条件下已经实现的价值。这是对思想政治教育有用性的证明，是思想政治教育得以存在的依据。在具体实践中，思想政治教育常常以现实生活中的热点、难点问题为切入点，有针对性地开展工作，提高思想觉悟，化解社会矛盾，维护团结局面，推动各项工作顺利开展。例如，通过思想教育澄清了模糊认识，解开了思想疙瘩，减轻了思想包袱；通过理想信念教育，明确了人生方向，树立了共产主义远大理想，坚定了社会主义信念；通过道德教育，协调了人际关系，化解了内部矛盾，增强了凝聚力；等等。

思想政治教育不仅具有显价值，还具有潜价值。潜价值，就是指尚未实现的价值，就是指思想政治教育对人的发展和社会的发展所具有的潜在促进作用。一方面，思想政治教育不仅要服务于现实需要，还要着眼于人的发展和社会的进步。也就是说，思想政治教育并不只是为解决现有的问题而存在，它还要解决潜在的问题，起到预防和遏制作用；它并不只是维持社会现状，还要不断提高人的思想政治素质。另一方面，思想政治教育价值的实现，要经历一个较长的过程。作为一种塑造人、改造人的实践活动，思想政治教育专做人的思想工作。思想的转变是渐进的、自主的，来不得半点强迫。因此，思想政治教育对人的影响是长期的、潜移默化的。同时，教育对象接受教育内容并不等于思想政治教育价值的实现，而必须是教育对象以实际行动体现社会所要求的思想观念、政治观点和道德规范。在此之前，思想政治教育的价值只能说是潜价值。

思想政治教育的显价值和潜价值是辩证统一的。潜价值是显价值的基础，潜价值中孕育着显价值；显价值是潜价值的确证和发展，潜价值以表现为显价值为方向。潜价值转化为显价值需要一定的条件。在面临重大突发事件时，思想政治教育的潜价值容易转化为显价值。2020年，广大青年在抗疫救人中的表现，让我们认识到这代人不是自利的一代，而是敢于担当、乐于奉献、勇于牺牲的一代，是能够担负起中国特色社会主义建设重任的一代。这是长期开展思想政治教育的结果，是思想政治教育价值的体现。显价值与潜价值并存，要求我们要立足现实，提高针对性，做好经常性思想政治教育，及时解决现实问题。同时，要反对急功近利，避免短期行为，在引导人们树立正确的世界观、人生观、价值观上下功夫，踏踏实实培养德智体美全面发展的人。

（三）精神价值和物质价值

从呈现状态角度来看，思想政治教育价值可分为精神价值和物质价值。精神价值，是指思想政治教育对主体精神需要的满足而呈现出来的意义关系。物质价值，是指思想政治教育对主体物质需要的满足而呈现出来的意义关系。思想政治教育专门做人的思想工作，精神价值是其主要价值。人是有目的有意识的，有着丰富的精神需要。精神需要体现着人对自身完整性的追求，是人与动物的重要区别，也是人与人相互区别的重要标志。思想政治教育是满足人的精神需要的重要途径。它以科学的理论武装人、以高尚的精神塑造人，帮助人们形成正确的世界观、人生观、价值观，提高人们的思想政治素质。它通过对人的教育、引导、启发等工作，塑造健全人格，帮助人们摆脱精神领域的依附性、被动性和保守性，时刻保持昂扬向上、主动创造的主人翁精神。它通过塑造人的德行、陶冶人的情操、充实人的情感、提高人的精神境界，使人们获得更多的归属感、尊重感、成就感和满足感，提高人们的生活质量、丰富人们的生活意义。[①] 它通过科学的内容、正确的方法来帮助人们把握社会发展方向、树立正确的人生目标，促使人们将社会要求与个人发展结合起来，积极投身中国特色社会主义建设。不仅解决了人们的思想问题，提高了思想觉悟，增强了主体意识，调动了工作积极性，而且增强了社会凝聚力，使人的发展与社会的发展协调互动。

同时，思想政治教育还具有物质价值。也许有人会问：思想政治教育作为一种精神生产活动，它能满足人的物质需要形成物质价值吗？答案是肯定的。人的物质需要的丰富和满足，取决于生产力的发展。马克思主义认

---

① 参见闵绪国：《试论思想政治教育个体价值的特征》，《学校党建与思想教育》2005年第12期。

为，人是生产力中最活跃、最重要的因素，是推动生产力发展的决定因素。而人的一切行为，包括物质生产活动，总要受一定思想意识的支配。思想政治教育在微观上可以调动人们生产的积极性和创造性，激发人们的主体意识、竞争意识，帮助人们树立效益观念、时间观念、科学技术观念，从而推动生产力的发展，创造更多的物质财富，以满足人们的物质需要。在宏观上，它能通过提高人的思想政治素质、激发人的潜能来变革生产关系，促进生产力的解放和发展，推动经济社会全面发展。毛泽东指出："提高劳动生产率，一靠物质技术，二靠文化教育，三靠政治思想工作。后两者都是精神作用。"[①]但在现实中，人们常常看不到思想政治教育的物质价值，常常把思想政治教育同经济工作、业务工作对立起来，认为思想政治教育是虚的，不仅不能促进反而会阻碍经济工作、业务工作的发展。关键原因就在于，思想政治教育物质价值的形成要经过两次转化。一是直接作用于人的思想，使其思想发生转化，调动其热情、启发其自觉。在这一转化过程中，其结果是精神性的，思想政治教育的作用是直接的。二是转化了思想的人，把热情转化为行动，充分发挥自己的聪明才智作用于生产实践而产生物质价值。这一过程就是精神到物质的转变。由此可见，思想政治教育物质价值的实现，是以其精神价值的实现为前提的。它不像经济工作那样直接作用于物质生产，而是通过转变人的思想来改变人的行为，使人们以更高的积极性、主动性、创造性，创造出更丰富的物质成果。精神转化为物质的过程是复杂的、曲折的，思想政治教育的物质价值也是间接的、潜隐的。

物质与精神是相互转化的，思想政治教育的物质价值和精神价值是辩证统一的。精神价值是物质价值的基础，物质价值是精神价值的集中表现。实践中，我们既要肯定思想政治教育的精神价值，也要重视思想政治教育的物质价值。只强调精神价值，思想政治教育就难以落到实处，其价值就难以得到充分体现；夸大物质价值，思想政治教育就可能滑入危险境地。我们必须立足于丰富思想政治教育的精神价值，着眼于体现思想政治教育的物质价值。

（四）现实价值和虚拟价值

从存在境域角度来看，思想政治教育价值可分为现实价值和虚拟价值。

---

① 《毛泽东文集》第8卷，人民出版社1999年版，第124～125页。

现实价值，是指思想政治教育在现实生活中的价值。虚拟价值，是指思想政治教育在网络世界中的价值。随着信息网络技术的飞速发展和互联网的日益普及，催生出一个全新的社会——虚拟社会。这是以信息网络技术与虚拟现实技术为基础，以声、光、色、影为表现形式，以网络交往为框架而建构起来的空间。这是人们表达情感、交流信息、获取和创新知识的新型社会，是人类生活的重要空间，是思想政治教育的重要领域。虚拟社会具有虚拟性、开放性、交互性、超时空性等特点，提高了人类活动的自主性，为人的生存发展和价值的实现开辟了新的空间。虚拟社会中的思想政治教育，具有促进能力发展、丰富社会关系、增强主体性等个体价值，有助于培育自主意识、平等意识、开放意识和创新意识，激发人的自觉能动性和潜能；同时还具有传播主流意识形态、宣传方针政策、掌握社情民意等社会价值。

需要注意的是，网民生活在现实与虚拟两重社会中，虚拟社会建立在现实社会的基础之上，是现实社会的延伸。虚拟社会中的问题是现实世界的折射，很多问题仍需通过现实实践活动来解决。[①] 思想政治教育的虚拟价值归根结底是其现实价值在虚拟社会中的体现。

（五）社会价值、集体价值和个体价值

从价值主体角度来看，思想政治教育价值可以分为社会价值、集体价值、个体价值。社会价值，是指思想政治教育对社会发展的促进作用，主要体现为对经济、政治和文化等方面的促进作用。集体价值，是指思想政治教育对一个群体、一个组织的存在和发展需要的满足关系，主要体现在明确集体目标、调协集体心理、增进集体团结、培育集体文化等方面。个体价值，是指思想政治教育对个体需要的满足和对个体成长、发展所起的促进作用。思想政治教育的个体价值，是社会价值和集体价值的基础。思想政治教育的社会价值和集体价值，都要以个体思想政治素质的提高为前提。

此外，思想政治教育价值还可以分为理想价值和现实价值，历史价值、现实价值和未来价值，直接价值和间接价值，等等。

① 参见宋元林、唐佳海：《网络思想政治教育的个体价值及其实现途径》，《毛泽东邓小平理论研究》2009 年第 9 期。

第三节　思想政治教育价值的实现与评价

一、思想政治教育价值的实现

（一）思想政治教育价值实现的内涵

关于思想政治教育价值的实现，有人认为是思想政治教育由“潜价值”到“价值”的转变。[①] 有人认为是社会对思想政治的需要和追求通过思想政治教育主体功能属性的发挥，在思想政治教育对象身上变成现实的过程。[②]我们认为，思想政治教育价值的实现，是指作为价值客体的思想政治教育对作为价值主体的人和社会的发展的促进作用成为现实。思想政治教育价值的实现，包括三个方面：思想政治教育对象对教育者所传递的教育内容的接受与外化、思想政治教育功能的充分发挥、思想政治教育对人和社会的发展需要的满足。这三个层面可以看成是循序渐进的。

1.思想政治教育对象对教育者所传递的教育内容的接受与外化

教育对象对思想政治教育内容的接受和外化，是思想政治教育价值实现的前提。教育者所传递的思想观念、政治观点、道德规范等内容，只有为教育对象所接受，并与原有的观念系统整合内化为稳定的品质结构，然后再以积极的行为体现出来并成为习惯，才能发挥其作用、实现其价值。如果教育对象没有接受这些教育内容，没有将其与已有的观念系统整合内化，没有以稳定的行为习惯体现出来，这些思想观念、政治观点、道德规范再进步，对人的发展和社会发展的促进作用再大，也难以体现。接受是什么？是思想政治教育对象出于自身发展的需要，在一定环境影响下，对思想政治教育者所传输的思想政治信息进行选择、整合的连续性活动，是一种能动地选择和摄取思想政治信息的活动。教育对象的接受是有选择性的，并不是所有的教育内容都能被教育对象所接受。教育对象只接受那些在他看来有用的教育内容。某方面内容一旦被接受，就意味着教育对象认可了该内容的积极意义，其有益于人和社会的方面就可能实现。需要注意的是，接受并不意味

---

① 参见项久雨：《思想政治教育价值论》，中国社会科学出版社 2003 年版，第 266 页。

② 参见王立仁：《德育价值论》，中国社会科学出版社 2004 年版，第 221 页。

着外化。一方面，思想政治教育内容被人们接受后，有相当部分以观念形态存在于人的内心深处，并非全部都能以直观的行为被人们所感知。另一方面，外化也需要一定的客观条件。社会所要求的思想政治素质，并不是所有的都可以随时外化为行为。例如，教育对象可能十分赞同见义勇为，但并不是每个人都有这样的机会。当然，外化包含着接受这是确定无疑的。只有人们深刻认同了的东西，才能体现为行为习惯。

2.思想政治教育功能的充分发挥

功能的充分发挥，是价值实现的基础。一事物之所以具有价值，是因为其能满足人的某方面或某些需要。思想政治教育之所以存在，就是因为它具有能提高人的思想政治素质的功能，能够满足人的发展和社会的发展对人的思想政治素质的需要。对思想政治教育而言，其价值的实现，就是发挥了提高人的思想政治素质的功能，使人的思想政治素质得以提高。这种功能得不到发挥，人的发展和社会的发展对人的思想政治素质所提出的要求就没有得到满足，思想政治教育价值自然没有实现。

思想政治教育价值的实现，也是思想政治教育自身目标的实现。这可以说是思想政治教育功能充分发挥的结果。思想政治教育是一种社会实践活动。实践是人所特有的对象性活动，是有目的、有意识的，有明确的目标。人正是通过实践，一步步地走向更为理想的存在状态。思想政治教育作为一种特殊的社会实践活动，自然也是有目的、有意识的，有自己的目标，那就是使社会成员形成与社会发展要求相一致的思想政治素质。这一目标是思想政治教育自身属性的体现，是由社会分工决定的。怎样才能实现这一目标？那就需要发挥思想政治教育的导向、保证、协调、激励、开发等功能，把社会对人的思想政治素质要求转变为教育对象的品格和行为。如果思想政治教育的功能未充分发挥，思想政治教育自身的目标就不能实现，其价值也就不能实现。

3.思想政治教育对人和社会的发展需要的满足

没有主体的需要，就没有价值；主体的需要没有得到满足，也没有价值；主体需要被满足的程度越高，价值的实现程度就越高。思想政治教育价值亦是如此。思想政治教育之所以存在，是因为社会发展需要提高人们的思想政治素质，是因为作为社会成员的个人需要提高思想政治素质以适应社会发展的需要。思想政治教育作为一种具有鲜明意识形态性以培养合格社会成员为己任的社会实践活动,正好能满足这种需要。思想政治教育价值的实现,从价值主体角度来讲,就是人和社会的需要得到了满足;从价值客体角度来讲,就是思想政治教育的功能得以充分发挥,并满足了人和社会的需要。

需要强调的是,思想政治教育价值的实现,从结果上看,是对人的发展需要和社会的发展需要的满足,不能偏废任何一方。个体需要的满足是思想政治教育价值实现的起点,社会需要的满足则是思想政治教育价值实现的归宿。实际上,思想政治教育价值的主体和客体从根本上讲都是人。从价值主体角度来看,不管是社会还是集体,都是由若干个人组成的;从价值客体角度来看,思想政治教育是由人,也就是由教育者来实施的。因此,关注人的发展,满足人的需要,是思想政治教育应有之义。只有人的思想政治素质得到提高、发展需要得到满足,思想政治教育价值的实现才有坚实的基础。但是,只把思想政治教育价值的实现理解为对个人需要的满足,是有失偏颇的,有悖于思想政治教育的本质属性。作为一种社会实践活动,思想政治教育价值的实现更体现在发展了的人反作用于社会,促进社会的进步和发展。另外,从个人角度看,作为社会存在物,人只有在社会关系中才能获得充分发展的手段,才能满足自己的需要,实现自己的价值。人的全面发展,不仅是个人的全面发展,更是每个人的全面发展。也正是无数个人的发展促进了社会的进步。人们接受思想政治教育,不仅仅满足了自身发展的需要,也满足了社会发展的需要,因此,思想政治教育价值是同时指向人和社会的。思想政治教育价值的实现,是思想政治教育在促进人的全面发展的同时推进社会的进步。

(二)思想政治教育价值实现的实质

有学者认为思想政治教育价值实现的实质是客体的主体化,即客体作用于主体,并对主体产生实际的影响。① 也有学者认为思想政治教育价值的实现"实质是人的价值的实现"。② 按照第二种观点的理解,一切社会活动的价值的实现,都是人的价值的实现,这未免失于宽泛。第一种观点将思想政治教育价值的实现理解为客体的主体化。这是应当肯定的。对价值客体而

① 参见项久雨:《思想政治教育价值论》,中国社会科学出版社2003年版,第268页。

② 参见李江凌:《论思想政治教育价值的创造和实现》,《求实》2006年第3期。

言，价值的实现就是价值客体作用于价值主体以自身属性和功能满足价值主体的需要，并对价值主体产生实际的效用。对价值主体而言，价值的实现就是受价值客体的影响，并产生了相应的反应和改变；或者积极主动地作用于价值客体，改造价值客体，以满足自身需要。这一过程就是客体的主体化。所有价值的实现，尤其是物的价值的实现，都包含着这个过程。思想政治教育价值的实现，也包含着这个过程。一方面，思想政治教育者根据社会发展需要和教育对象的发展状况，提出相应的发展目标，然后借助一定的途径和手段作用于教育对象，引起其思想观念、精神风貌、行为方式等方面的改善；另一方面，作为价值主体的人和社会根据自身的实际情况对思想政治教育的内容加以筛选、吸收，使之成为对自己有用的东西。这两个过程都是客体主体化的过程。

但是，思想政治教育价值的实现，不同于物的价值的实现，不仅是客体的主体化，而且是主体的客体化。在以物为客体的价值关系中，价值客体是被动的，价值主体是主动的，价值的实现常常以价值客体的损耗甚至消亡为前提。例如，吃面包以满足人的营养需要，伴随着面包被分解为若干营养物质被人所吸收，其结果是面包的消失。同时，面包也不能选择何时满足何人的需要。但是，思想政治教育价值的主体是人和社会，客体是由人开展的思想政治教育，价值主客体双方实际上都是人。在思想政治教育价值关系中，客体并不是被动的。一方面，作为价值客体的思想政治教育不会因为满足了主体的需要而损耗或消失。另一方面，思想政治教育常常具有很大的主动性，体现在对教育内容、教育方法、教育对象的选取和教育情境的营造等方面，甚至会出现价值主体尚未意识到自己有接受某方面思想政治教育的需要，而价值客体主动进行教育的情况。这是因为思想政治教育总是由活生生的人来开展的。更进一步说，思想政治教育价值的实现，不仅不是以价值客体的损耗或消亡为前提的，相反，它会促进思想政治教育也就是价值客体自身的发展。这是因为思想政治教育以促进人的全面发展和社会的进步为直接目的，而人的全面发展和社会的进步是永无止境的，不是开展一次或一段时间的思想政治教育就可以实现的。因此，思想政治教育必须不断满足人的发展需要，不断促进社会的进步。这就需要掌握人的发展需要，把握社会发展趋势和要求，修正教育目标，调整教育内容，改进教育方法，以提高教育的针对性。一句话，价值客体汲取价值主体的因素转化为自己的本质力量。这实际上就是作为价值主体的人和社会以自身的需要、愿望影响思想政治教育,以及思想政治教育吸纳人和社会的需要、愿望的过程。这一过程也就是主体的客体化过程。从这个意义上讲,思想政治教育价值的实现也是思想政治教育的自我证明、自我发展。这不仅是对思想政治教育价值的肯定,也是思想政治教育的自我改造,是思想政治教育在促进人的发展和社会进步中不断自我完善。

因此,思想政治教育价值的实现,是思想政治教育价值主客体双向互动的过程,其实质是客体的主体化与主体的客体化的统一。由是观之,思想政治教育价值的实现并不是价值的终止,而是新的价值的开始,是新价值实现的基础。思想政治教育正是这样不断地促进人的发展和社会的发展,不断地实现着自己的价值。①

二、思想政治教育价值的评价

(一)思想政治教育价值评价的含义

思想政治教育价值评价,就是依据一定的标准,对思想政治教育是否满足以及在多大程度上满足人与社会发展的需要所进行的判断。思想政治教育价值评价,既是对思想政治教育是否与主体发展的内在尺度相一致的判断,也是对思想政治教育过程及其结果所进行的价值判断。

(二)思想政治教育价值评价的类型

从不同角度,依据不同标准,可以将思想政治教育价值评价分为多种类型。从评价的组织形式角度,可以分为正式评价和非正式评价;从评价的着眼点角度,可以分为形成性评价和总结性评价;从评价内容的范围角度,可以分为综合评价和单项评价;等等。

(三)思想政治教育价值评价的功能

思想政治教育价值评价具有多种功能,其中,判断功能、诊断功能、认识功能、导向功能、沟通功能最为主要。

1.判断功能

判断功能,是指思想政治教育价值评价具有判定思想政治教育价值的有无、大小和类型的作用。思想政治教育能否满足人和社会发展的需要、满

① 参见闵绪国:《思想政治教育价值实现的内涵与实质》,《思想教育研究》2012 年第 7 期。

足程度如何、具体满足了哪些方面等问题，只有通过评价，才能作出回答。实际上，评价是思想政治教育价值的展现形式之一。可以说，对绝大多数人来说，思想政治教育有无价值，不是一个问题。但是，思想政治教育究竟有哪些价值，对人的发展和社会的进步在哪些方面有促进作用、有多大促进作用，并不一定清楚。例如，过去我们看到了思想政治教育在革命和建设中的巨大价值，但是认识不清，只是笼统地将其概括为一切工作的生命线，并没有深刻地反映思想政治教育究竟有哪些价值。这就需要通过评价这一形式，使思想政治教育与人和社会之间的价值关系得以显现。

2.诊断功能

思想政治教育价值评价是对思想政治教育的全面检验。在评价过程中，评价者将采集到的关于评价对象的信息传递给评价对象，然后再采集评价对象的反馈信息，以此不断指导评价对象。不仅可以判断思想政治教育是否达到预期目标，而且可以分析哪些方面做得好，哪些环节存在不足，哪些方面需要着力改进。不仅使思想政治教育过程中的积极因素得到肯定和强化，而且使存在的问题得以暴露并找准其症结所在，从而加强和改进思想政治教育，使其各个方面、各个环节更加符合思想政治教育价值实现的要求，促进思想政治教育价值的实现。实际上，思想政治教育目标的确立、方案的选择、计划的制定等，都建立在上一轮思想政治教育价值评价的基础上。因此，思想政治教育就可能脱离实际，缺乏针对性。从这个意义上讲，评价是增强思想政治教育自我调控机能的有效措施。

3.认识功能

通过思想政治教育价值评价，不仅对思想政治教育价值作出了判断，而且能帮助人们不断深化对思想政治教育价值运动的构成要素及其作用、思想政治教育价值运动的环节，以及思想政治教育功能发挥的条件、思想政治教育价值实现对环境的要求等问题的认识。深刻把握思想政治教育价值运动的规律，正确认识思想政治教育价值运动状况与价值目标之间的差距，采取正确措施加强和改进思想政治教育，使其更符合自身价值的实现规律，有效促进人和社会的发展。

4.导向功能

思想政治教育价值评价的标准及其指标，体现了思想政治教育的目标，为教育者和教育对象指明了各自的方向。对教育者而言，思想政治教育价值评价指出了思想政治教育应当实现的价值以及实现这些价值的途径，要求其正确认识思想政治教育价值目标和现状之间的差距，结合教育对象的思想政治素质现状和发展规律，不断调整教育策略，改进教育方法，将思想政治教育实践与思想政治教育目标统一起来，不断实现思想政治教育价值。对教育对象而言，思想政治教育价值评价指出了一个合格的社会成员应当具备的思想政治素质，使教育对象对自己的思想政治素质发展状况有客观的认识，肯定其符合思想政治教育价值评价标准的方面，同时也明白自身的努力方向，引导其内在的思想矛盾运动，促进其知行转变，不断内化社会要求的思想观念、政治观点、道德规范等，并将其外化为良好的社会行为，实现个人发展与社会发展的统一。

5.沟通功能

一是加强思想政治教育系统内部的沟通。通过确定评价标准、建立指标体系、开展评价活动，使思想政治教育价值得到显现，增强了思想政治教育组织者和实施者对自身价值的认同感，并深化了对思想政治教育的认识。同时，评价标准的确立、指标体系的建立，使不同领域、不同单位的思想政治教育有了参照、比较的可能。不仅激发了思想政治教育系统内部交流的动机，而且提供了交流的机会，有利于不同领域、不同单位的思想政治教育者相互学习、取长补短、共同进步。二是加强思想政治教育与整个社会的沟通。思想政治教育价值评价，在确定评价标准、建立指标体系时，不仅要考虑自身的目标和教育对象的发展要求，而且要充分吸纳社会的发展要求。评价活动的开展，在相当程度上，也是在判断思想政治教育自身是否满足社会发展要求，教育对象是否具备社会发展所要求的思想政治素质。当然，评价结果也有助于社会更全面地了解思想政治教育的价值。因此，我们说思想政治教育价值评价是思想政治教育和社会环境相互沟通的有效渠道。

第七章　思想政治教育信息问题研究

思想政治教育信息问题研究是思想政治教育研究不可或缺的环节，本章首先分析了思想政治教育信息的基础知识，接着进一步分析了思想政治教育信息的质量及其提高策略，最后分析了思想政治教育信息的载体及其创新以及思想政治教育信息素养的提高。

第一节　思想政治教育信息概述

一、思想政治教育信息的内涵

思想政治教育信息是在思想政治教育实践过程中应用或产生的，能够体现思想政治教育本质、展现思想政治教育功能的信息。这是对思想政治教育信息的一个功能定义。从功能的角度定义思想政治教育信息，既包括教育者传递给受教育者的思想政治信息，也包括受教育者反馈的思想政治信息，还包括教育者和受教育者互动所产生的思想政治信息。三个方面的信息综合起来才是完整的思想政治教育信息。

思想政治教育信息不同于思想政治信息。从两者联系上看，思想政治信息是思想政治教育信息的基础，没有思想政治信息，也就没有思想政治教育信息。思想政治教育信息运动的过程也是思想政治信息传播的过程。从两者区别上看，首先，思想政治信息和思想政治教育信息来源不同。思想政治信息来自思想政治领域中各要素的运动。思想政治教育信息来自教育者对包括思想政治信息在内的相关信息有意识地收集、整理、使用。其次，思想政治信息是关于思想政治的所有信息，所有思想政治信息都有成为思想政治教育信息的潜质，但是并不是所有的思想政治信息都是思想政治教育信息，只有符合统治阶级意志的，在思想政治教育实践中经过教育者加工过的思想政治信息才是思想政治教育信息。最后，思想政治教育信息和思想政治信息具有不同的功能。只有能够调整一定社会思想政治状态的信息，才能成为思想政治教育信息。另外，思想政治教育信息和思想政治信息相比，其载体更为丰富，形式更为多样。

思想政治教育信息不同于思想政治教育内容。思想政治教育内容，是指"根据一定的社会要求和针对受教育者的思想实际，经教育者选择设计后有目的、有步骤地输送给受教育者的思想意识、价值观念、政治观点和道德规范等信息"①。思想政治教育包括政治教育、思想教育、道德教育、法制教育、心理教育，具有共同性、特殊性以及交叉性等特点。思想政治教育的目标，社会形势的发展变化，受教育者思想政治品德和个性心理特征乃至思想状况等都是影响思想政治教育内容的因素。思想政治教育内容是思想政治教育信息所要传递的主要内容。思想政治教育内容的利用态、传递态构成了思想政治教育信息主体部分。同一思想政治教育内容可以有多个利用态、传递态。换句话说，多个思想政治教育信息可以表达同一思想政治教育内容。思想政治教育内容和思想政治教育信息的侧重点不同。思想政治教育内容侧重于具体的思想意识、价值观念、政治观点的确定，思想政治教育信息侧重于以什么样的方式和数量呈现该内容。这里有时为了强调思想政治教育信息中思想政治教育内容部分，也用思想政治教育内容来代表思想政治教育信息。但是，思想政治教育信息不仅仅限于思想政治教育内容的利用态、传递态。因为思想政治教育信息除了是思想政治教育内容的利用态、传递态之外，还包括诸如思想政治教育信息运动时教育者、受教育者的状态信息。例如，老师讲课时的情感信息，学生听课时的专注状态，虽然不属于思想政治教育内容，但通过这种情感信息，表达了对某种思想政治教育内容的肯定或者否定，因此属于思想政治教育信息。两者的应用范围也不一样。思想政治教育内容相对于思想政治教育形式而言，无论是思想政治教育内容还是思想政治教育形式所呈现的信息，都属于思想政治教育信息。思想政治教育信息的范围要远远大于思想政治教育内容。

思想政治教育信息不同于思想政治教育中介。思想政治教育中介是指

---

① 徐志远：《现代思想政治教育学范畴研究》，人民出版社 2009 年版，第 167 页。

"占统治地位的阶级和国家与受教育者建立起思想政治教育联系的所有中间介质的总和，它包括国家主体与受教育者之间的所有要素，是由组织中介、传媒中介、关系中介、载体中介、内容中介、教育者中介（事实主体）及它们在思想政治教育过程中的实践活动构成的有机整体"[①]。两者的区别是：思想政治教育信息贯穿于思想政治教育整个过程、所有的要素，是一个截面。思想政治教育中介是包括思想政治教育过程的组织、传媒、关系、载体、内容、教育者在内的中间环节。思想政治教育中介是介于教育者和受教育者之间的介质总和，不包括教育者和受教育者。而思想政治教育信息要突出研究受教育者内在信息运动。两者不是一个逻辑序列。两者的联系是：思想政治教育中介本身的运动也是思想政治教育信息的运动的部分内容，因为思想政治教育中介也是思想政治教育横截面的一部分内容，有的中介本身即为思想政治教育信息载体。研究中介运动，可以丰富对思想政治教育信息运动规律的认识。

二、思想政治教育信息的特征

思想政治教育信息除了具有信息的一般特征，诸如普遍性、表征性、依附性、关系性、间接性、独立性、共享性、整体性、时效性、技术性等之外，思想政治教育信息还具有如下特征。

第一，具有导向性特征。思想政治教育是一定社会的意识形态教育，其目的就是把人们现有的思想水准提升到符合一定社会、一定阶级要求的应有的思想水准。思想政治教育信息服务于此目的。在思想政治教育过程中，通过教育者与受教育者的互动，教育者用思想政治教育信息引导受教育者得到新的信息，更新观念，改善思维模式，使现有的思想政治信息结构调整到应有的思想政治信息结构，从而实现思想政治教育目的。要实现这种导向性，思想政治教育信息必须有着明确的口径。思想政治教育信息异常丰富、异常全面，但哪些信息能成为思想政治教育信息，哪些不能成为思想政治教育信息，应该按照思想政治教育信息标准来确定。思想政治教育信息的导向性，使得思想政治教育信息始终处于竞争的态势之中。思想政治教育信息代表的是一定社会中占统治地位的一定阶级的思想政治信息。在

① 邵献平：《思想政治教育中介论》，中国社会科学出版社 2007 年版，第 21 页。

一个社会中，除了这种信息之外，还有与之相对立的思想政治信息存在。在一个开放的环境中，思想政治教育信息虽然得到了一定的传播，但也始终处于被质疑、被挑战的状态。思想政治教育信息和其他思想政治信息“相比较而存在，相斗争而发展”。这种竞争性既是思想政治教育信息传播的摩擦力，也是思想政治教育信息演化、传播的动力。教育者在这种竞争的信息环境中用思想政治教育信息引导受教育者逐渐形成特定的思想观点。

第二，具有转化性特征。思想政治教育信息来源十分广泛。不仅有思想政治领域的信息，还有自然、社会、教育、心理、学校、家庭、社区、教师、学生等方方面面的信息。甚至可以说，一切信息都有成为思想政治教育信息的潜质。这是因为，由于思想政治在社会生活中的无孔不入，每一种信息都会或多或少、或直接或间接地与思想政治相连，都可以从中抽象出若干思想政治教育信息因素，因而可以纳入思想政治教育信息的视野。但是，这些信息犹如伴生矿，还不能直接成为思想政治教育信息。这些信息必须通过思想政治教育的特殊析取、转化，才能够成为思想政治教育信息。实现从一般信息向思想政治教育信息的转化时，需要遵循思想政治教育所提倡的“三贴近”原则（贴近实际、贴近生活、贴近群众），用事实、典型、数字说话，用喜闻乐见的形式、鲜活生动的语言回答人们关心的问题，实现从常态信息向思想政治教育信息的转化。

一般信息转化为思想政治教育信息的方法有很多。可以从芜杂信息当中分离出思想政治教育信息，也可以把几个看似无关的信息按照思想政治教育信息的逻辑组合成思想政治教育信息，甚至可以利用一些逻辑、修辞方法引出思想政治教育信息。

思想政治教育信息的转化性本身也说明思想政治教育信息的边界不确定性。信息具有关系性特征，信息主体的反应能力、反应方式以及自身需求等因素不同，信息内容、信息呈现方式、信息呈现程度等也不一样。一名优秀教师可以将信手拈来的信息转化为思想政治教育信息，有些教师却不能。能否成为思想政治教育信息还和接受者有密切关系。受教育者无法接收的信息，也无法构成思想政治教育信息。在特定环境当中传播者和接受者的信息状态也决定了某个信息是否能成为思想政治教育信息。

第三，具有创新性特征。思想政治教育信息需要以思想政治教育内容为基础，根据受教育者的具体情况以及教育者自身的情况重新进行建构，需要不断结合新情况、新问题进行新的阐述，这个过程就是创新思想政治教育信息的过程。一个信息是否能够成为思想政治教育信息，依赖于教育者和受教育者对信息的挖掘、联想、理解、领悟。例如，一棵树能否成为思想政治教育信息？如果这棵树和自然联系起来，和人与自然的关系联系起来，和科学发展联系起来，那么就可以成为思想政治教育信息，这个联想的过程也是思想政治教育信息创造的过程。思想政治教育信息的创新性和思想政治教育内容不同，一般而言，思想政治教育内容应该是相对固定的，可以围绕着思想政治教育内容产生数量众多的思想政治教育信息，因此，思想政治教育信息比思想政治教育内容更具有创新性。例如，在学生不同阶段围绕着同样的思想政治教育内容而形成的思想政治教育信息有着很大的不同。"小学讲故事，中学讲历史，大学讲道理"这样的教育思想值得借鉴。故事、历史、道理都体现了思想政治教育的内容，都是思想政治教育信息的表现形式。只有应用这些不同形式的思想政治教育信息，才能符合不同年龄段受教育者的特点，更好地体现教育功能，使思想政治教育内容得以贯彻。

总之，结合思想政治教育信息的几个特点可以看出，一定时期思想政治教育内容是明确的，但作为其运行态、功能态的思想政治教育信息却有着极其广泛的内容和形式。思想政治教育信息实现着思想政治教育内容的导向性，思想政治教育信息伴生于生活、生产信息当中，需要转化、析取、提纯才能转化为思想政治教育信息。这也说明，思想政治教育信息内核明确，但其边界具有模糊性特征。这个过程，需要考虑受教育者、教育者以及环境的因素，创新思想政治教育信息，因此，这也是一个创新过程。

第二节　思想政治教育信息的质量及其提高策略

一、思想政治教育信息的质量

（一）思想政治教育信息的质

事物的质是"一事物成为它自身并区别于他事物的内部所固有的规定性"[①]。某物之所以是它自己，而不是它物，就在于其特定的质的规定性。唯

① 李秀林等主编：《辩证唯物主义和历史唯物主义原理》，中国人民大学出版社2004年版，第173页。

物辩证法认为，特定的质就是特定的事物存在本身，质和事物存在是直接统一的。事物的质是内在的，要通过该事物与他事物相互作用才能表现出来。这种表现就是事物的属性。由于事物之间的复杂联系，事物呈现出多重属性。根据在确定质上的不同作用，属性又分为本质属性和非本质属性。“要在事物的诸多属性中，确定哪些是对事物的质具有决定作用的本质属性，必须考虑到社会实践的需要，把实践作为实际的确定者。离开人类实践去确定事物的质，也就失去了实际意义。”[①]信息是事物的内部结构、运动状态及其变化方式的反映和再现。信息作为关系性范畴，信息的质也是多重存在的。相对于本体而言，信息具有呈现本质；相对于主体对信息的把握而言，信息具有意义本质；相对于主体价值而言，信息具有效用本质。思想政治教育信息的质即思想政治教育信息的品质，也就是思想政治教育信息所固有的内在规定性。毫无疑问，思想政治教育信息的质也是多重存在，具有呈现本质、意义本质和效用本质的特点。把握思想政治教育信息的质，必须考虑思想政治教育实践的要求。只有在思想政治教育实践当中，才能更充分地理解思想政治教育信息的质的规定性。

（二）思想政治教育信息的量

在唯物辩证法的思想中，事物的量是事物的规模、程度、速度以及它的构成成分在空间上的排列组合等，可以用数量表示的规定性。量的规定性又可分为内涵的量和外延的量。外延的量是表示事物存在的范围和广度的量，内涵的量是表示事物等级程度、构成方式、功能过程的量。质和量是事物两种不同的规定性，质和事物的存在是直接同一的，而量与事物的存在并不直接同一。同一事物在一定范围内数量的增减、功能的变化、结构的变动并不影响某物之为某物。任何事物都是质和量的统一体。对于信息量的考察，也要从信息的质和量相统一的角度去考察。信息多级质的存在，必然有相应的量的规定性。思想政治教育信息的量即思想政治教育信息在数量上的规定性。思想政治教育信息多级质的存在，使得思想政治教育信息的量有不同的内容。

---

① 李秀林等主编：《辩证唯物主义和历史唯物主义原理》，中国人民大学出版社 2004 年版，第 173 页。

二、思想政治教育信息质量的提高策略

(一)通过话语创新提高思想政治教育信息的质量

第一,在时事中进行挖掘。话语创新离不开“新”的事实。面对同一理论,思想政治教育要不断用新的事实替代已有的事实去说明问题。思想政治理论课是和社会现实结合最为紧密的课程。思想政治理论课教师要自觉地用马克思主义理论分析当下发生的时事,理论应用得越多、越彻底,就会使思想政治理论课有更广泛的说服力。

第二,在交流互动中得到激荡。同行之间的交流、师生之间的交流等都能给思想政治理论课话语创新以启迪。当代大学生由于其家庭背景差异、专业区别、关注问题的角度不同,他们形成了独特的话语系统。思想政治教育要取得良好的效果,就必须找到思想政治教育话语系统和大学生话语系统的接口,并进行有效对接,才能使思想政治教育进入到大学生的话语系统中。例如,大学生遇到好事儿的时候常说“人品大爆发”,其隐含的逻辑前提是“做好人就会有好事”,承认了思想道德修养的重要性。这样的语言不妨应用到教学中去。同时,也要努力转换话语视角,把思想政治理论课中的理论和学生的实际生活结合起来。例如,讲到科学发展观时,要提出这样的问题,大学生如何以科学发展观为指导,实现科学发展?讨论这个话题,就能够把理论和大学生的实际生活紧密结合起来,使大学生在探素自己如何发展的时候受到更多的启迪,也为科学发展观创造了很多话语。

第三,在网络中分析语言。网络已经成为人们生活的一部分,也日益成为思想政治教育环境的一部分。由此,社会话语也呈现出网络化、娱乐化和西方化的特点。网络中的语言丰富芜杂,是一个原生态的话语宝库,尤其是在具备互动、聚合功能的论坛、社交网络和微博中,人们的互动碰撞出不少思想的火花。

第四,从生活、文艺作品中撷取话语。“处处留心皆学问”,生活中、文艺作品中的很多语言可以为思想政治教育所借鉴使用。例如,东北话把转向称之为“蒙圈”,对于中国举什么旗,走什么路,是不是还有很多人“蒙圈”呢?再如小品《不差钱》中有这样一句话:“有的人活着,钱花没了;有的人死了,钱没花了。”这样一句引人发笑的话,却反映出当前收入分配中存在的严重问题。生活中、文艺作品中的话语大多形象、幽默而不乏深刻。思想政治教

育既需要有清晰的思路，也需要从生活中、文艺中汲取多姿多味的话语，才能使思想政治教育充满生活的气息、审美的气质，从而使思想政治教育“以正合，以奇胜”。

第五，从其他学科中迁移话语。从其他学科中迁移话语历来是各种理论创新、话语创新的一个途径。例如，“市场是一只看不见的手”的说法就是亚当·斯密(Adam Smith)从牛顿的著作中引用的，那里提到过万有引力这只“无形的手”。思想政治教育的对象来自各个专业、行业，受教育者丰富的背景为思想政治教育提供了极其丰富的话语创新资源。思想政治教育者更要善于把各行各业的术语灵活地迁移到思想政治教育中来。例如，面对生物专业的学生能不能用遗传和变异原理来说明马克思主义中国化这一命题？面对物理专业的学生能不能用力学的规律来说明国情对现代化建设的影响？

(二)通过逻辑方法提高思想政治教育信息的质量

总体而言，话语创新必须遵循而不可违背形式逻辑基本规律。逻辑基本规律是同一律、矛盾律、排中律。同一律要求在同一思维过程中，每一个概念、判断都必须是确定的，并且与自身前后保持一致，用公式表示为“A是A”；矛盾律要求同一思维过程中，两个互相矛盾的思想不能并存同真，用公式表示为“A不是非A”；排中律要求在同一思维过程中，两个互相矛盾的思想不能同假，必定有一个是真的，用公式表示为“A或者非A”。这三条基本规律从不同侧面要求思维具有同一性。

思想政治教育有着明确的立场、观点、方法，创新思想政治教育话语在逻辑层面必须符合逻辑同一律、矛盾律、排中律的要求。话语创新要遵循同一律的要求，坚持从思想政治教育预设的立场、观点、方法出发，不能任意扩大或缩小思想政治理论概念的内涵和外延，更不能使它变成另一个概念。整个话语创新过程必须保持概念的前后一致，一意到底，“二意两出”，“意多乱文”。我们要注意区分容易混淆的概念，区分概念的过程既是明晰概念的过程，也是话语创新的过程。要遵循矛盾律、排中律的要求，在大是大非面前，该坚持什么，该反对什么，要有鲜明的立场和态度，思想的无矛盾性是话语创新的基本原则，不能容留“模棱两可”“模棱两不可”等违背矛盾律、排中律的错误。

在批驳一些错误观点时，如能挖掘出对手自相矛盾的地方，话语的说服力就大大增强了。像“双重标准”这种情况就是违背矛盾律的典型表现。

（三）利用推理改善思想政治教育信息质量

1.探求思想政治教育信息因果联系的“五种武器”

思想政治教育中存在很多因果性论述，因此，发现、阐述因果联系是思想政治理论课话语创新的重要手段。在互相联系的许多现象中，如果一现象出现，必然会引起另一现象的出现，那么前者为因，后者为果。现象之间因果联系具有复杂性。一个原因可以产生多种结果，一个结果可能由多种原因引起。探寻因果关系的推理可以采用求同法、求异法、契合差异并用法、共变法、剩余法等五种基本方法。求同法就是在被研究现象出现的若干不同场合中寻找出共同原因的方法。这种方法是异中求同。求异法是在被研究现象出现与不出现两个矛盾场合中，通过比较来寻找出由于某一原因而导致某一结果的方法。这种方法是同中求异。契合差异并用法就是求同法和求异法一起使用的方法。共变法就是看一种变化是否会引起另一种变化。剩余法就是减去已知部分，确定另外一部分的方法。思想政治理论课话语创新要善于使用这些因果联系方法进行话语创新。

在使用这些阐明因果联系方法的时候，也要注意避免诸如将时间或空间上相邻的事情当作是因果关系、因果关系倒置等错误。

2.通过类比推理，增加思想政治教育话语的“新鲜度”

类比推理就是通常所说的“打比方”，是根据两个或两类事物在某些属性上相同，推断它们在另外的属性上也相同的一种推理。黑格尔说：“类推可说是理性的本能。”[①]类比推理更是中华民族所偏爱的一种思维形式。类比推理能把抽象的理论形象化，不仅能够降低学习中的思维强度，而且使理论获得感性的支撑，从而使人加深了对理论的认识和情感上的认同，因此，类比推理能大大增强思想政治教育的说服力，并为话语创新打开广阔的空间。

思想政治教育中有一类特殊的对比，即把国家和人作比较，这样既可以用人生哲学的道理说明政治道理，也可以用政治道理说明做人的道理。比如，对人生来说，难走的路都是上坡路，好走的路都是下坡路，这个道理同样适用于国家；再如，对国家来说，要坚持科学发展观，人也存在一个科学发展的问题。用人生哲学的道理比喻政治道理，可以使政治道理更接地气；用政

---

① ［德］黑格尔：《小逻辑》，贺麟译，商务印书馆1980年版，第394页。

治道理比喻人生道理，可以使人生道理更深刻。这样的比喻，也深化了人生哲学和政治理论的价值。

类比推理虽然给抽象的理论以形象化的视野，有助于增强说服力，但是类比推理不是严格的推理形式，因此，在使用类比推理的时候既要善于找到两类事物之间的相同性进行类比，也要注意两类事物之间有无重大差异，以及相关性如何、有无遗漏信息等情况，从而避免作不恰当的类比。

第三节　思想政治教育信息的载体及其创新

一、思想政治教育信息的载体

凡是承载思想政治教育信息的载体即为思想政治教育信息载体。载体必须装载着思想政治教育信息，才能算思想政治教育信息的载体。载体好比一个舞台，只有思想政治教育信息在场，才能成为思想政治教育信息载体。思想政治教育信息和思想政治教育信息载体存在的一个基本矛盾，即思想政治教育信息的整体性和思想政治教育信息载体的独立性之间的矛盾。思想政治教育信息本身是完整的，具有共享性、可复制性、可处理性等特征。但是每一个承载思想政治教育信息的事物或者活动是独立的，有着自身的运动规律。思想政治教育信息离不开载体，由于载体的独立性，使得思想政治教育信息有离散的倾向。这个基本矛盾的演变决定着思想政治教育信息的运动样态。

二、思想政治教育信息的载体的创新

（一）载体要富有吸引力、感染力

设计的载体首先要吸引受教育者的注意力。思想政治教育实践中，会经常发现有些受教育者很难进入接受思想政治教育的状态，即使在场，也是“思接千载，神通万里”，总是跑神，也有受教育者把注意力集中到别的课程学习上去了。况且有了手机、平板电脑这些更能吸引注意力的东西，受教育者很容易就被这些信息设备吸引过去。这种“身在曹营心在汉”的状态降低了思想政治教育的效果。那么，如何让学生迅速调整到接受思想政治教育载体，并且能够持续下去，就要不断增加思想政治教育信息载体的吸引力和

感染力。通过思想政治教育信息载体的设计，让受教育者沉浸在思想政治教育过程中，这样对于外部的种种诱惑就有了免疫力。

语言是思想政治教育最基本的载体，逻辑是思想政治教育最基本的思想工具。教育者首先要尽最大努力驾驭好语言，运用好逻辑。在深入学习理论的基础上，要在表述层面上下足功夫。通过不断锤炼语言，锤炼逻辑，把思想政治教育内容深入浅出地表达出来。这样的语言境界才能够吸引受教育者，并且使受教育者沉浸于其中而受到教育。这既是教育者的基本功，也是教育者在整个事业生涯期间不懈努力的一个方面。

要选择、设计互动程度高的载体。思想政治教育过程中，教育者、受教育者和互动平台构成了互动的要素。教育者和受教育者之间、受教育者之间、受教育者和平台之间互动程度高，受教育者就容易进入角色，在互动之中使精神专注起来。例如，组织良好的课堂讨论就容易点燃受教育者参与的热情，营造思想政治教育的“信息场”，可以使教育者、受教育者都处于激活状态，在思想碰撞之中领悟理论，激发灵感，消除疑惑，增强信心。要选择、设计具有审美效果的载体。美的事物总是令人向往，美的事物激发人的美感，进而引导人去求真求善。我们不妨从美好的事物开始，让受教育者在审美过程中昂扬斗志，去体悟思想政治教育带来的真和善。

要选择、设计能够充分发挥受教育者潜力的载体。思想政治教育的一个重要功能就是开发功能。所谓开发功能，是指“通过思想政治教育，最大限度地发挥人的主观能动性和发掘人的内在潜能”①。选择、设计能够发挥受教育者潜力的载体，就是要尊重受教育者的兴趣爱好，发挥受教育者的特长与优势，充分调动受教育者的积极性、主动性、创造性。秉持这个原则，很多的事物和活动都可以设计到载体里面。例如，在教育者指导下放手让受教育者开展校园文化活动就是很好的载体，它能够充分调动学生的积极性、主动性，释放受教育者的活力和创造性。再如，课堂上分组自学自讲，也能起到类似的作用。

（二）载体要选择受教育者认同度高的人和事来“借宾定主”

思想政治教育载体一方面出自教育者的设计，另一方面，这种载体应该是受教育者主动接受的。发现、使用及创新受教育者所主动接受的载体，就

---

① 张耀灿等:《现代思想政治教育学》，人民出版社 2006 年版，第 234～235 页。

要了解受教育者的“口味”。如果出现“众口难调”的情况，就要多设计几种载体来满足不同受教育者的不同口味。一般而言，符合受教育者口味的载体能够获得较大的认同。有了对载体的认同感，受教育者对思想政治教育信息的接受就顺畅多了。口碑较好的公众人物也容易获得受教育者的认同，教育者设计载体的时候，应该巧妙地利用这一点，让思想政治观点通过公众人物的嘴说出来。近年来，影视界启用一批一线青年演员来演《建国大业》《建党伟业》等革命题材影视剧，进行爱国主义宣传和近现代史教育，从思想政治教育角度来说，也是寻找受教育者认同度高的思想政治教育信息载体的一种尝试。

（三）浓厚的“载体转向”意识

思想政治教育信息载体的发现、使用及创新，归根结底要求思想政治教育工作者具有浓厚的载体意识。信息运动离不开载体，离开了思想政治教育信息载体，思想政治教育信息就不可能存在。发现、使用、创新载体就是在传递思想政治教育信息。可以说，任何人和事物都有成为思想政治教育信息的潜质，思想政治教育工作者不妨经常观察、思考一下，能为哪些人和事附加上思想政治教育信息，从而让这些人和事实现“载体转向”，变成思想政治教育信息载体。因此，需要教育者时时具有载体意识，要善于从正在发生的事情中，从周围日常生活琐事中，从受教育者自身面临的问题中去发现载体、使用载体、创新载体。“世事洞明皆学问，人情练达即文章。”[①]这里不妨将“世事洞明”理解为思想政治教育工作者具有的能够站在历史的高度和时代的潮头，利用马克思主义的立场、观点、方法去观察问题、分析问题、解决问题的能力；将“人情练达”理解为对受教育者的思想特点、思想状态、社会思潮、个性心理、社会心理的透彻理解能力。那么教育者必须不断地提高对载体重要性的认识，努力做到世事洞明、人情练达，并以世事、人情作为载体，才能够做好思想政治教育这门学问、这篇“文章”。

① 《红楼梦》第五回。

第四节　思想政治教育信息素养的提高

一、提高对思想政治教育信息素养的"觉"与"悟"

所谓"觉"即对思想政治教育信息本体的知觉，所谓"悟"即对信息价值的领悟。在我们所处的这个时代，信息素养影响着我们能力的提高、影响着我们生存和发展的状态，它绝对不是可有可无的一种品质。因此，必须高度重视自身信息素养的提高。在遇到问题时，能够想到通过广泛地收集信息、分析信息，从而找到切实可行的思路去解决问题就是有信息觉悟的表现。思想政治教育信息总是处于不断的变化之中，新的问题不断涌现，思想政治教育工作者更不能守旧，更需要有充分利用信息的意识，通过对相关信息的分析去解决问题。

提高信息素养的"觉"与"悟"，具体来讲，包括如下内容：首先，要提高对信息的敏感度。要能够从大量的、司空见惯的、甚至微不足道的事物和社会现象中，发现有价值的信息，并能迅速地捕捉住、迅速地转化为思想政治教育信息。应当努力锤炼这种敏感性。否则，有价值的信息带来的机会可能稍纵即逝。其次，要懂得把注意力，把人的心理活动长久地指向、集中于发现、了解、搜集、组织、运用的思想政治教育信息上，形成一种习惯性的倾向。最后，提高对信息价值的判断力，能够准确判断信息的价值，并进行筛选。

信息意识素养是信息素养的灵魂。只有具备较高的信息意识素养，才能自觉地学习信息知识和技能，自觉地按照信息素养的规范要求自己，最终提高自身信息能力。信息知识水平是信息意识形成的重要基础。因此，深入了解信息的作用，了解信息技术带来的社会影响，了解政治、经济、文化、社会以及人的信息化的必然趋势，才能自觉地提高信息意识。

二、提高思想政治教育信息素养要在"整合"上下功夫

这是提高信息素养的核心。从一定程度上说，信息能力就是电脑和网络的使用能力。更集中一点，就是软件的应用能力。一般而言，需要掌握操作系统、文字处理、上网浏览、搜索以及多媒体处理等技能。对于这些软件，应尽可能多地、尽可能详尽地掌握，唯有这样，才能更好地处理信息。对于

信息技术利用得越充分,思想政治教育信息处理的效率就越高。需要说明的是,信息技术的应用应该结合自身的工作、学习和生活来进行,将信息技术"整合"进去,成为工作、学习和生活的一部分,这才是真正的信息化,才能真正发挥信息技术的作用。在进行"整合"的时候,应当充分利用不断发展的信息技术,来实现资源共享和沟通协作。

三、不断提高对信息的选择、组织和利用能力

信息的选择是人们对信息价值的分析、判断和取舍的活动。信息的组织是根据主体的需要对信息进行有序化的活动。信息利用则是指将获取的信息用于学习、研究与实用的行为。对于信息的选择、组织和利用时,必须对信息进行评价。进行信息评价时,应考虑信息的内容质量、信息的范围、信息的易用性、稳定性和连续性等方面,取其高质量的信息,弃其无用甚至有害的信息。在此基础上,要对所选择的信息进行有效的组织,按照一定的标准使之有序化,并不断进行更新,使之成为有使用价值并且便于使用的知识。

四、遵守信息规范

信息规范是法律、道德等规范在信息网络中的延伸。随着信息技术的进步,人们所处的信息环境在不断变化,必然要改变相应的规范,因为法律和道德毕竟属于社会意识形态的范畴,是第二性的。但是,法律、道德规范一旦变得成熟,就对维护良好的信息环境起到重要的作用。因此,要保持一个好的信息环境,就要了解与信息获取、使用相关的法律法规、道德规范。信息规范内容十分广泛,如隐私与安全、信息获取使用的限制及费用、知识产权、言论底线等。思想政治教育工作者要熟知关于信息的法律规范、道德规范甚至是技术规范,并努力提高这方面的修养。

五、积极进行自我心理调适

信息化是人类面临的一个新环境。在这个新环境中,信息不断膨胀,新的信息技术层出不穷。网络中黄色信息、黑色信息等不良信息层出不穷,个人隐私屡屡被曝光、滥用,未成年人沉迷于网络游戏不能自拔,面对如此复杂的信息环境,人们容易产生焦躁、不安、压力感等不良情绪,甚至产生网瘾

等较为严重的心理疾病。面对信息化社会,有些人甚至是未受其利反受其害。因此,信息化过程中的自我心理调适显得尤为重要。首先,要有自我调适的意识,即清楚在处理信息的过程中会发生心理变化,需要调适自己。其次,处理信息应当采取"以我为主"的原则,要根据自己的需要选择信息,让信息为自己的需要服务,而不是跟着信息跑,在无穷无尽的链接中迷失自己。最后,提高自控能力,面对各种各样的信息,要把注意力集中起来,避免过度分散注意力;在信息环境下进一步提高自身的思维能力,避免"学而不思",仅仅大规模地采集信息而不能有效地处理信息。抵制不良信息的诱惑,抵制对信息的贪婪也是保持好心态的重要途径。总之,思想政治教育工作者要不断提高自身信息素养,深化对思想政治教育信息的觉悟,不断提高自身信息技术水平,改善选择信息、组织信息的能力,遵守信息规范,积极进行自我心理调适,才能够在当下复杂的信息环境中更好地完成思想政治教育使命,推动思想政治教育的发展和进步。

第八章 “微时代”背景下思想政治教育话语分析问题研究

思想政治教育话语分析是思想政治教育研究的重要问题，本章首先分析了思想政治教育话语分析基本理论的知识，接着进一步分析了思想政治教育话语体系建设的困境及机遇、“微时代”思想政治教育话语体系的转型，最后分析了“微时代”思想政治教育话语体系的发展前沿问题。

第一节 思想政治教育话语分析理论基础

一、经济全球化与思想政治教育话语的变迁

众所周知，经济全球化是一种世界范围内的经济大发展运动，经济全球化一定程度上带动了世界各国经济的发展，经济全球化是一种不可避免的必然趋势。当然，经济全球化的发展也带动了政治、文化等在全球范围内的传播和交流，影响到了文化等正常发展的进程，同经济全球化对经济发展产生的影响一样，经济全球化对世界文化的影响也存在着两面性。如果某个国家、民族能够利用好这一机遇，其国家的文化便会更好地生存、发展下去，甚至有可能扩展到全球，对世界文化格局产生影响；利用不好，则有可能因本国经济的衰败而导致文化没落，久而久之，该国的文化也将不复存在。面对这种全球范围内文化的冲击，包括思想政治教育话语在内的文化研究要注意以下几点：

第一，各国都要注意借助经济全球化的力量，带动本民族经济、文化的发展；在注重保护本民族文化的同时，将其推广、宣传，走出国门，使世界上

更多的人认识、了解它;利用文化来提升国家形象,发挥文化软实力的作用,提高国家的国际地位。

第二,一个国家的民族文化在适应时代发展、吸收外来文化以及被先进、流行的外来文化进行同化时,要注意保持本民族文化鲜明的个性,保持文化的特性,这样才能保证文化的新鲜感,避免千篇一律,进而促进和补充世界文化的丰富性;民族文化应该体现民族性格,展示民族个性,蕴含民族心理,表现民族精神,这才是有内涵、有思想、有深度的文化,也只要这种文化才能更稳定地在文化全球化的浪潮中固守一席之地。

第三,思想政治教育话语属于文化的一部分,思想政治教育研究属于文化实践活动,因此,各国的思想政治教育话语分析也要顺应全球化发展的浪潮,借用全球化带来的先进的、科学的、实用的研究方法、手段,研究模式等积极地进行思想政治教育话语分析的研究和开发,创新研究形式,拓展研究内容,进而使本国的思想政治教育话语研究工作保持先进性。

二、“微时代”思想政治教育话语的社会互动

社会互动是指社会上一切人或事物与外物产生的联系和交往,社会互动是一种社会实践活动,它包括人与人之间的互动、人与物之间的互动、人与群体之间的互动以及群体与群体等之间的互动,这种互动因具体交往事物的不同而呈现出不同的表现形式,或为文字、信息、语言的传递、交流,或为实际的社会实践活动。通过这种社会互动,社会中的各个阶层、社会活动的主体等摆正了自己的位置,形成了社会秩序,人类实现了自我认同,社会开始活泛起来。诚然,这种社会互动就是人们从事各种社会生产、生活活动的基础,也是进行思想政治教育话语等文化方面交流、学习、研究的重要保障。

社会互动根据其交往方式和互动内容一般分为以下几种类型:第一,社会合作。这种合作指互动双方为了同一目标或有相同的利益问题进行的联合、互助行动。第二,社会矛盾和冲突这种互动作为一种消极的社会行为,也是社会互动合理存在的部分,冲突多见于互动双方利益分歧、观点相悖等方面。第三,社会竞争。竞争类社会活动分为积极竞争和消极竞争两种,这两种都是社会互动的重要方面。积极的竞争表现为互动双方为了争夺某一事物或目标而发生的公平争夺,在此,双方的实力对竞争结果的影响十分重

要。也因此,互动双方为了赢得竞争结果,往往大力提高和发展自身实力,甚至借鉴了对方的长处,弥补自身不足,进而发展、提高自身。消极的竞争表现为互动双方采用不正当的竞争手段,唯利是图,甚至为了结果的胜利,打击、诋毁对方,显而易见,这种消极的竞争互动严重影响了社会秩序,阻碍了社会的进一步发展。

值得注意的是,社会互动一般以社会的共识性符号为前提和标志,共识是社会互动双方产生交集的源头,有了共识,人们才有产生社会互动交流的欲望,也才能投入社会互动实践中去。在社会互动的过程中,人们通过他人传递的话语、信息等形成自我意识,根据这种自我意识调节、调度、改正自己的行为,二者通过沟通,达到彼此了解,通过相互理解,达成了持续社会互动的默契,久而久之,这种持续的互动就促进了他人以及他物的社会互动等。

综上,我们可以得出"微时代"下思想政治教育话语互动原则和注意事项。首先,思想政治教育话语互动的双方要有共识点并且能够相互理解,这是互动双方能够连接话语的基础。其次,思想政治教育话语互动中,双方通过文字、信息的传递、交流等确定自身的位置,产生自我认同和自我意识,以此来规范自身的言行。最后,思想政治教育话语互动的双方要注重"对方视角",要以客观的方式和眼光审视社会互动本身,审视社会互动中传递的内容,在此基础上力求进一步完善社会互动的思想政治教育话语发展。

三、思想政治教育话语与我国古代传统道德的研究

(一)我国古代传统道德的地位和作用

众所周知,我国有着数千年的历史文化传统,中华文化源远流长、博大精深,时至今日仍然受到广大海内外爱好者的敬仰。在传统文化中,我国的传统道德,包括传统道德思想、道德行为规范等都是十分重要和显眼的部分。就目前而言,我国作为社会主义现代化的国家也在强调"依法治国,以德治国",由此可见,道德教育对于社会的形成、发展,国家的安定、平和有多么重要。

此外,我国古代许多统治者都非常注重道德力量对国家统治的重要作用,战国时期的法家思想、汉朝的"独尊儒术"、唐太宗李世民的"水能载舟亦能覆舟"等问题都表明了道德思想的约束对巩固统治的巨大帮助作用。

（二）我国古代传统道德的教化作用

我国古代传统道德的教化行为一定程度上就可以当成是我国古代的思想政治教育过程，这种道德教育对于个人、社会乃至整个国家的发展都有十分重要的意义。

我国古代也有“修身”的论述，儒家思想中还讲究“见贤思齐”等，这些理论或多或少都自觉或者不自觉地对社会中的个体进行的社会行为、社会活动等进行了道德层面的规范和限定。道德对个体的教化作用使个人能够积极、健康、知法、懂礼地成长，道德教化使人明白了人的责任，使人能够更容易地辨别是非，使人建立了较为正确的思想观念和价值观念，这些对于个人以及国家的发展是十分重要的。

对于国家和社会而言，传统道德的教化作用主要体现在对社会关系的道德伦常与对社会的道德秩序形成两方面：一方面，人是社会性动物，古代人们的一切社会关系可以用道德伦常来概括，包括师生之间的“一日为师，终身为父”观念、夫妻间的“相敬如宾”、家庭中的“三纲五常”、社会交往的“礼尚往来”等都是道德教化的具体表现；另一方面，为了稳定社会秩序，巩固统治阶级的地位，统治者一般通过道德教育的手段和方式对民众进行教化，也因此，古代仁慈、道德、和善的统治者往往比横行霸道、奢侈、残暴的统治者更加得人心，其统治时期的社会也相对繁荣。总之，古代传统道德的教化作用塑造了我国淳朴的民风，形成了尊老爱幼、长幼有序，谦卑、温和的社会秩序和民族性格，这对于我国博大精深的民族文化和民族精神的继承和形成等都有重要的奠基作用。

（三）古代传统道德与思想政治教育的关系

有思想政治教育话语分析方面的专家认为，古代的道德教育就是早期的思想政治教育，很显然，这种观点是片面的。一方面，古代的道德教育并没有专门的学科、专业、教学场地等设置，没有专业的思想政治教育理论研究人员，也没有规范的道德教育交流活动机会和行为等；另一方面，古代的道德教育与统治者的阶级统治思想是分不开的，而正确的思想政治教育话语并不是古代皇帝的一家之言，因此，仅仅把古代的道德教育作为早期的思想政治教育话语是相当狭隘和片面的。但是，也不能完全否认古代道德教育的作用，古代道德教育中长辈的训话，人们日常的口头交流，诗词歌赋对道德教育的解释、宣传等行为与现代思想政治教育话语的实践活动还是有着极大的相似性的。

四、现代思想政治教育话语分析与近代巴赫金的对话理论

“微时代”思想政治教育话语分析作为适应时代发展的语言交流实践活动，它紧跟现代语言交流自由、平等的思想和原则的变迁，讲究创新，充分发挥了思想政治话语意识形态的作用，调动了语言交流双方的主观能动性，促进了思想政治教育话语的可持续性发展。巴赫金作为苏联著名的文艺理论家、批评家，他提出的对话理论符合思想政治教育话语发展的规律，对于现代思想政治教育话语的发展有着十分重要的促进意义。以下简要介绍巴赫金对话理论的主要观点。

第一，对话双方使用的语言、交流的语言内容所表达的意义重于语言表达的形式，诚然，这也是现代思想政治教育话语分析中的重要内容。

第二，巴赫金对话理论提出保持交流双方对话持续性的关键是要保证双方互动的平等性，平等性包括交流双方放弃话语霸权，以平等、独立的态度和原则进行对话，这种能够平等的交流、消灭歧视的阶级观念才是对话理论指导话语分析实践的意义所在。

第三，在巴赫金对话理论中，语言是通过社交互动行为来实现的。包括词语、句子、语法、说话态度、语气等都体现在具体的对话场景中，“对话”具有实效性，才能证明社会互动中人存在的真实性。总之，巴赫金对话理论与现代思想政治教育话语中语言研究的严谨性、科学性、实用性等特点是不谋而合的，因此，巴赫金对话理论对于思想政治教育话语发展有着十分重要的意义。

第二节　思想政治教育话语体系建设的困境及机遇

一、思想政治教育话语体系建设的困境

（一）外部消极因素干扰思想政治教育话语体系功能的发挥

中华人民共和国成立以来，我国的高校思想政治教育发展有了很大的进步，特别是改革开放以来，各大高校制定了多种关于思想政治教育话语分析的教学方案和措施，在这种情况下，思想政治话语体系的学术性和权威性

得到了极大的提高。但是在具体的思想政治话语分析过程中，仍然受到许多外部消极因素的影响，具体有以下几点：

1.复杂社会现实问题冲击着思想政治教育话语体系的建立

当下中国正处于复杂的社会转型期，社会矛盾凸显，分配不公、贫富分化、城乡差距拉大、腐败现象依然存在，就业难、就医难等一系列社会现实问题困扰着当代学生的学习和生活，冲击着思想政治教育话语体系的建立。以“裸官”现象为例，众多的社会名人、高级官员将子女移民海外，自己却以各种形式参政议政，这些社会人士应该是爱国主义的践行者，却进行着伪爱国的行为，这种现实和情况冲击着思想政治教育话语体系中爱国主义话语建设。此外，我们的国家、政府时时强调公平正义，以公平正义的话语教育学生，但是，社会不公平、不正义的现象却时常在学生身边发生。“搀扶老人被讹”“毒胶囊”“地沟油”“小悦悦”事件、“不让座”事件等严重影响到学生的道德标准和良心，冲击着道德教育话语。

在这种背景下，部分学生对社会主义本质，对中国特色社会主义道路、理论、制度等在认识上产生偏差，一些学生不能理性辩证地看待改革发展过程中取得的成就和出现的问题，以至于对思想政治教育话语体系有所怀疑，甚至抵触思想政治教育话语体系。这些社会现实问题，需要以系统的、科学的理论话语对学生的思想加以正确引导。但是，现行思想政治教育话语体系的部分内容却往往要滞后于形势的变化，这就无法及时对这些现实问题进行回应，进而无法引导学生正确认识这些现实问题。尽管相关部门坚持每年对话语体系进行修订，但是由于修订、审定和出版程序繁琐，等到教材出版时，有些内容也许已经过时，更不用说对重大理论问题、热点问题、难点问题等给予有说服力的答案。因此，这些发生在学生身边的现实问题极大地挑战着思想政治教育话语体系的现实性、针对性，使得学生对思想政治教育话语体系的构建形成了一种“干瘪”“说教”的印象，进而影响到思想政治教育话话体系的价值引导功能的正常发挥。

2.多样化社会思潮瓦解着思想政治教育话语体系

一方面，由于上述恶劣社会事件的影响，部分学生对未来美好生活产生了迷惘，动摇了对共产主义的信仰；另一方面，“微时代”背景下，西方各种所谓“先进的人生哲理”等对我国传统的马克思主义理论基础等产生了人生观、世界观、价值观各方面的冲击和侵蚀，这就导致一些意志不坚定的学生失去了继续学习高校思想政治理论课的信心。诚然，这与学生正处于成长时期，还没有进入社会，思想还不成熟，还不能迅速地辨别是非有着很大的关系，但是，大学时代也正是培养学生正确的道德素养的关键时期。

特别是历史虚无主义、新自由主义、民主社会主义等社会思潮，从多方面否定了中国特色社会主义道路、理论、制度的正确性，对学生的“道路自信、理论自信、制度自信”具有严重的动摇和瓦解作用。国内经济、政治、教育、文化、民族传统、地方文化等多种因素也影响着思想政治教育话语体系的建设，这些影响因素所形成的合力，使旧的话语体系被打破，新的话语体系不断建立。面对这些不良社会思潮，思想政治教育话语体系并未对其错误观点予以评析、回应，揭示其本质和危害，使得各种非马克思主义和反马克思主义理论大行其道，学生陷入马克思主义的信仰危机，这就严重阻碍了学生的健康成长。

（二）教师个人素质影响到思想政治教育话语体系功能的发挥

思想政治话语体系有传递信息的功能和作用，高校的思想政治理论话语体系承载着给学生传递思想、文化的作用。近年来，我国政府和相关的教育部门也在思想政治教育这方面投入了较大的支持，各种资助计划、思想政治教师培训计划等都在积极地落实和执行。这就给我国的思想政治教育话语体系的研究奠定了重要的物质基础和保障。由于思想政治教育工作者是教授学生思想政治思想和文化的直接主体，所以，教育部门十分看重教师的个人素质和道德素养，为了进一步提高学校的思想政治教育水平，提高广大思想政治教育工作者的个人素质是十分必要的。

在实际工作中，一些思想政治教师信仰马克思主义意识模糊、教师理论知识储备不够、教学方法缺乏吸引力、理论讲授缺乏说服力，在对思想政治教育话语体系进行转换时，有的思想政治教师认为马克思主义是纯粹的道德说教和意识形态灌输，是学校的教学安排；有的思想政治教师为了激起学生的兴趣，一味以非马克思主义话语体系或反马克思主义话语体系来取代马克思主义话语体系；还有的思想政治教师无视学生需要的生动话语、新鲜话语，直接将教材话语体系照搬到教学话语体系中，理论研究话语体系照搬到社会实践话语体系、日常生活话语体系中，以至于思想政治教育话语晦涩难懂，学生“望而却步”。如此种种，都会使学生不认同思想政治教育话语体系，这十分不利于通过思想政治教育话语体系的建立发挥思想政治话语价值引导思想行为规范等功能的发挥。

(三)学生的接受需求制约思想政治教育话语体系功能发挥

学生是否接受并认同思想政治教育话语体系是思想政治教育话语体系功能发挥是否得当的评价标准。因此,思想政治教育话语体系功能发挥是否存在问题,还可以从学生的接受状况来分析。

改革开放以来,思想政治教育话语体系经过长期建设,已经形成结构合理、功能互补的体系结构,但是,思想政治教育话语体系注重对社会秩序和道德伦理的要求,漠视了学生的个性发展需要和接受需求,话语内容简单化、形式化、标签化、口号化较为明显。学生从思想政治教育话语体系中找不到与个人发展需求相适应的话语。学生学习思想政治理论课后,仍然不能“窥见”马克思主义的全貌,不知道马克思主义的基本立场、观点和方法是什么,更不知如何运用这些立场、观点和方法,只是将其作为应付考试的死记硬背的知识点。这些状况的存在使思想政治教育话语体系的构建出现了功能性障碍。

二、思想政治教育话语体系建设的机遇

随着时代的发展,社会政治、经济、文化的发展水平和要求不断提高,21世纪人才的竞争更是促进了我国思想政治教育人才培育的进度和质量的提升,这就给我国各大高校的思想政治教育话语分析工作带来了良好的发展机遇。一方面,学生们参与思想政治教育话语分析活动使其树立了牢固的世界观、人生观和价值观,增强了个体对外界事物的认识,提高了个体对人与社会关系的认识,拓宽了个体的眼界与思维领域;另一方面,提高学生的思想政治教育水平有利于人才的培养,人才的兴盛有利于我国思想政治教育话语分析与全球话语的交流,有利于中国特色社会主义文化、中华优秀传统文化等在全球范围内的传播和发展,有利于实现思想政治教育话语开发的多维性。总之,“微时代”人才的培养是思想政治教育话语分析发展难得的机遇。

(一)话语领域全球拓展促进了高校思想政治教育话语发展

1.全球性话语交流丰富了“微时代”高校思想政治教育话语发展的资源

众所周知,世界经济的全球化是一把“双刃剑”,全球化促进了先进国家对落后国家政治、经济、文化方面的压迫,同时也带动了世界文化、世界精神

文明、先进的物质文明成果等各国优秀的资源在全球范围内的广泛流通和传播。加之当代“微时代”的发展，各种文化、信息等通过更加便捷的网络进行传播，人们在这种传播中充分享受到了做“人”的权利和保持了“人”的尊严。

对于我国高校思想政治教育话语分析的发展而言，全球化使各国、各地区思想、文化的交流也更加开放和频繁，各国政党执政理念、社会治理方式、人与社会关系、社会建设、生态文明建设、文化发展等也得以在全球范围内传播和交流，这些都利于各国国家建设和发展经济的取长补短、相互借鉴。在这个背景下，思想政治话语分析的研究可以更加便捷、更加广泛地吸收世界各民族先进的话语资源，弥补自身不足，丰富自身话语分析研究的内容，这些都是全球化带来的前所未有的可贵机遇。

2.全球性话语分析交流拓展了高校思想政治教育的话语研究空间

经济全球化促进了全球性话语体系的构建，而全球性话语体系的构建对于包括我国在内的世界各国的思想政治理论教育话语体系的分析和研究是十分有利的。全球化改变了各国、各民族狭隘的地域和本民族意识，促进了人们世界公民身份的形成；在各国思想、文化、文明成果的相互碰撞中，促进各国对本民族文化的自我审视、改革和更新，这就促进了世界各国文化发展先进性的提高。

全球化开阔了人们的视野，同时，人们的思维方式、思想观念等境界也得到了相应提升，人们开始就各种世界性的问题进行讨论、交流，以谋求共同的解决方法，共同致力于为建立平等、和谐、共生的国际政治、经济、文化环境而努力。在这种国际背景之下，发展思想政治教育的各国开始了有共同利益的交流，这在无形之中增加了各自思想政治教育话语分析的空间和研究内容。

3.全球性话语研究方式促进了“微时代”高校思想政治教育话语研究方式的创新

探究“全球性话语研究方式促进思想政治教育话语方式的创新”问题，首先要明白全球性话语交往方式的类型和特点，进而研究其创新的原因和手段。全球性话语交往有对话、平等、隐性三种方式。

对话式话语交往是使用最多的交往方式之一，它是以话语互动双方平等、独立自主、自由的原则为前提进行的交往，这种方式有效保证了不发达国家的国际地位，利于形成求同存异的局面，这对于思想政治的发展是非常有利的，它促使着话语互动双方提出新的解决方案来解决分歧和矛盾，随之带来的改变就是双方思想政治教育话语的创新。

平等性话语交往更加讲究话语互动双方地位的平等，这就摆脱了文化霸权等的冲击和威胁，容易使互动双方达到共同的目的，为互动双方的话语研究创新奠定了基础。

隐性话语交往是将话语携带的信息捆绑在一切社会产品流通、社会交往活动中去，它使双方互动的“动作”和“形式”隐藏化。这种互动是一种潜移默化的文化交往现象，最终，文化发展水平低的一方国家的文化会被发展水平高的一方吞噬，而在这个过程中，处于劣势的国家为了保证本民族文化不被时代抛弃，更加急迫地进行了文化话语的创新，虽然这些创新话语有时是消极的，但也不乏出现较为优秀的思想政治话语交往方式等。

总之，全球各种话语交往的方式的创新能够充分调动互动双方的积极性，能够促进各国思想政治教育话语分析的创新，具有一定的现代思想政治话语研究实效性。

(二)“微时代”网络的蓬勃发展推动了高校思想政治教育话语分析的发展进程

众所周知，“微时代”是一个网络发达、信息传播迅速、数字技术发展迅速、媒体技术高超的时代，“微时代”产生了一种新型的社交方式——网络交往。网络交往包括各种微信、QQ、微博、电子邮件、论坛等。这种新型、便捷的信息传递、交流方式吸引了广大青年的目光，一些时尚的中老年朋友也参与进来，不可否认这是一种科学、实用、便捷的社交方式，它给现代高校思想政治教育话语的发展带来了群众基础，也带来了更加丰富的话语研究资源，使思想政治话语研究的方式、手段、程序大大便捷和简化，提高了思想政治话语研究和分析工作的效率。以下简要介绍网络发展对高校思想政治教育话语分析研究影响的几个积极方面。

1.先进、科学的技术方便了思想政治话语分析研究的环节

随着网络的发展，各种网络上的信息共享等更加便捷，这就大大丰富了高校思想政治教育话语分析的资源，使师生们不必再仅仅局限于校内的研究资料；信息技术革命的成功逐渐使各种纸质、广播、电视等传播媒介的使用率下降，这就提高了高校思想政治教育话语分析信息的传递速度；网络使

分散在各处的思想政治教育专家、学者以及每个大学生都能在一个“群”里畅所欲言，节约了人们的时间，降低了思想政治教育话语分析的物质成本。

2.网络时代“信息现场”使每个人都有了成为思想政治话语分析的“局内人”的可能

网络技术的发展使高校思想政治教育话语分析的各环节能够通过学校的官方网站、社交媒体、师生的移动设备等呈现出来，使每一个高校思想政治教育话语研究的“局外人”都有可能直接参与进来，这就大大提高了高校思想政治教育话语分析研究言论的广泛性，一定程度上大大提高了思想政治话语分析的实践性和科学性。而且，通过网络观看思想政治教育话语分析的“现场直播”可以及时地明确和了解思想政治话语分析的进度，有利学生们及时提出自己的意见和建议，这种针对不同意见发表“争论”的行为增加了话语分析的可看性，提高了学校的知名度，对高校思想政治教育话语分析的发展有着巨大的促进意义。

3.网络信息传递的时效性提高了人们参与思想政治话语讨论的积极性

由于网络上各种信息传递极为迅速，容易引发广大群众的热烈关注，这就突破了时间和空间的限制，使男女老少都能参与进来，进行思想政治话语工作的研究，也加强了群众对各种时政问题的监督，但是随之而来的一些恶意信息的迅速传播也严重干扰了网络社交秩序，这就需要广大网民齐心协力的抵制和对抗。只有达成共识，共同反对不良信息的传播，才能真正净化网络平台，才能实现“微时代”思想政治教育理论话语分析的健康、可持续发展

4.网络轻松的氛围促进了高校思想政治话语研究的趣味性

网络语言在传统语言的基础上形成，较之传统语言，网络语言更加开放，更加简便易懂，更加时代化和更加具有趣味性。正是由于这种通俗易懂的趣味性，网络语言得到了广大青年的青睐。这种语言使用方式摒弃了传统思想政治话语研究的格式化，摆脱了专业性话语的晦涩难懂部分，满足和适应了大众学生的实际使用需求。

5.网络隐匿的特性使思想政治教育话语分析的每个参与者都能在平等的位置上交流

网络的这种交往特征，使每个网络发言人都具有神秘性和隐匿性，基于此，人们可以畅所欲言，重新定位在现实中话语分析的位置。在网上，高校

师生之间可以平等交流，这一点有利于拉近师生关系，有利于提高高校思想政治教育话语分析的深刻性。

第三节　“微时代”思想政治教育话语体系的转型

“微时代”高校思想政治教育理论话语体系的发展转型目标有两个：一是巩固马克思主义话语体系；二是实现育人的目标。在实现目标的过程中，思想政治话语分析体系要不断地改革和创新，这样才能适应时代的发展，而不至于因落后而被时代淘汰。所谓“创新”并不是全盘否定过去的思想政治话语分析体系，而是要在原有分析的基础上，合理地进行高校思想政治话语分析内容的增减，适当改革思想政治话语分析方式，保证学生参与话语分析的全面性和开放性。以下简要对思想政治话语体系转型的两个目标进行分析。

一、“微时代”思想政治教育话语体系的转型的目标

(一)思想政治话语分析转型的本体目标——增强马克思主义话语的主导地位

马克思主义是我国各大高校思想政治理论话语体系建立的基础。只有保证了马克思主义在思想政治教育中的主导地位，才能保证高校思想政治教育的方向；只有保证了思想政治话语分析的方向，高校思想政治教育话语分析才有研究的价值与意义。为了实现马克思主义理论在思想政治教育话语分析中主导地位的目标，在进行思想政治话语分析时必须从客观实际出发。对现实中存在的现象进行深入剖析，从中发现思想政治的道理，这才是保证马克思主义理论主导地位的可靠方式。

1.以马克思主义话语体系统领哲学社会科学话语体系

当前，中国特色社会主义现代化建设取得了举世瞩目的成就，经济实力和综合国力都得到了极大增强，已经成为世界第三大经济体。我国高速发展的经济推动了我国科学技术的突飞猛进，如“蛟龙探海”，提升了中国人民的自信心和自豪感。但是，在哲学社会科学话语体系的建构上，我国却只能望西方话语体系之项背，很少有自己独创的话语表述，一些领域仍然处于直接采用西方话语体系的阶段。比如，在高校，哲学、经济学、政治学、社会学、

法学等学科教育中大多引进西方教材,译介西方理论观点并将其视为不可多得的学术“圣经”。在这样的背景下,部分学者对国外理论照抄照搬、亦步亦趋,拔高甚至神化之,习惯用西方概念来裁剪中国社会现实,而不擅长用正确的立场、观点和方法分析快速转型中的中国社会,企图用西方话语来分析中国问题、解释中国现象,由此,哲学社会科学话语体系呈现出严重的西化现象。因此,我们有必要发展思想政治理论课话语体系,帮助大学生掌握马克思主义基本理论,运用马克思主义的立场、观点和方法来分析问题和解决问题,以马克思主义的立场、观点和方法来统领哲学社会科学话语体系,推动哲学社会科学的繁荣和发展。

进入21世纪,我国哲学社会科学迎来了发展的大好时机,在高校,思想政治理论课话语体系是传播马克思主义理论的重要载体,是引领大学生朝向正确政治方向前进的语言载体。因此,我们必须坚持以发展着的马克思主义为指导,用思想政治理论课话语体系统领哲学社会科学话语体系指导哲学社会科学的发展,使其沿着正确的方向顺利前进。

2.运用马克思主义分析社会现实问题

目前,我国社会矛盾依然存在,城乡差距拉大、腐败现象依然存在,就业难、就医难等一系列社会现实问题困扰着当代大学生的学习和生活,如果高校不从理论上对这些问题进行系统分析,不对大学生的思想状况加以正确引导,大学生将会产生思想困惑和心理压力,以至他们对马克思主义理论的信仰动摇,对中国共产党的领导能力产生怀疑。

发展思想政治理论课话语体系就需要关注社会生活中实际存在的时政热点及难点,并且善于将马克思主义的理论与实际生活中的问题结合起来,正确运用思想政治理论来解决问题,运用符合社会主义社会发展的意识形态思想观念来解决问题,引导大学生正确认识并理性批判存在的各种社会问题,如怎么看待道德现状,怎么遏制腐败现象,怎么解决分配不公,怎么解决住房难,怎么实现教育公平等问题,使大学生能够运用马克思主义的立场、观点和方法正确认识并解决这些社会现象和问题。

3.以马克思主义话语体系的相关理论引领社会思潮

众所周知,社会思潮是特定历史时期,某种思想、文化的大规模流行现象,社会思潮具有警醒人、促进人,推动文化传播的作用。“微时代”高校思想政治教育话语分析体系的建立,其中的目标之一就是要建设以马克思主义体系的相关理论引领的社会思潮。

一方面，马克思主义理论是建设高校思想政治教育话语体系的理论基础，也是高校开展思想政治教育的主要渠道之一。建立以马克思主义理论基础为核心引领的社会思潮就要增强高校思想政治话语分析的吸引力，提升思想政治话语研究的科学性、合理性和实用性，帮助学生提高政治敏锐性，树立科学、牢固的中国特色社会主义理论体系。

另一方面，由于现代网络流行语大规模发展，网络上流传一些“伪哲理”，实质上，这些思想和文化都是披着“心灵鸡汤”的外衣进行的道德捆绑，这些言论抓住了人软弱的心理基础，对人的“三观”进行攻击，久而久之，这些言论会腐蚀、降低人们辨别正确思想政治文化的能力，进而影响到广大青少年的健康成长。显而易见，这种流行思潮的危害是十分巨大的，为了摆脱这种恶劣的影响，抵制“思想霸权”，我们应该积极地、及时地净化网络环境，而做到这些最关键的一步就是帮助实现以马克思主义相关理论基础为核心的社会思潮的兴起。

（二）思想政治教育理论话语分析体系转型的育人目标——实现学生的全面发展

学生的自由、全面的发展包括学生外在技能的发展以及学生内在的心理素质、道德水平等的提高。在高校思想政治教育的马克思主义理论基础中，人的自由全面发展包括人的活动自由、人的个性解放以及人与社会的自然相处等。而结合我国社会发展的实际情况，思想政治教育又提出了高校培育人要增强学生的社会责任感，明确学生自身作为公民的权利和义务，培养的学生要面向未来、面向现代化，还要注重学生自身价值的开发等。

显而易见，实现学生的全面发展，就要通过教育这个有效方法。除了各种专业课教授学生专业的知识和技能外，这里着重讲解高校思想政治教育对学生的“教化”作用。思想政治教育理论课可以帮助学生树立正确的“三观”标准和意识，可以培养学生坚强的意志，可以有效地帮助学生提高心理素质，提高学生思想教育、思想观念等意识层面的能力。值得一提的是，由于思想政治教育的对象是广大青年，所以，在进行教学时要充分考虑大学生的特点，包括年龄、知识背景、专业、学习能力、接受能力、社交方式、社交习惯等方面的特征。只有了解了教育对象的基本学习情况，才能更好地、有针对性地进行思想政治教育，也才能不破坏学生个性的养成。

除此之外，思想政治教育之所以重要还表现在，当前我国仍然处于社会主义初级阶段，我国社会发展的主要任务仍然是坚定不移地走有中国特色的社会主义道路，一切思想、文化的研究、发展仍然是坚持马克思主义理论的基本原理，仍然要坚持改革开放。当前，我国社会的主要矛盾是人民日益增长的美好生活需要和不平衡不充分的发展之间的矛盾。以上种种就决定了我国社会的发展仍然要靠人才，因为人才能够更快地接受高校思想政治教育理论的“教化”，人才能够利用学到的知识解决实际生活中社会问题，人才能够运用知识解决矛盾。这样“以人为本”才能最快地发展起来，政治、经济、文化、社会主义的各项建设等才能更好、更快地发展起来。中华人民共和国成立后，我国的人才培养也经过了漫长、曲折的发展历程，而且不同的历史阶段对人才的培育有着不同的目标和侧重点。中华人民共和国成立初期，人才的培育要求树立鲜明的无产阶级世界观，既要精通业务工作又要精通业务知识；改革开放后，提出了培育“四有”青年；近年来，提出人才的培养要“从小树立远大志向，德智体美全面发展”。随着我国综合国力的提高，我国人才的培养效果也越来越显著，不断培养出立大志、明大德、成大才、担大任的时代新人。

二、“微时代”思想政治教育话语分析转型遵循的原则

(一)思想政治教育话语分析转型方向性和开放性的原则

1.开放性推动高校思想政治教育话语体系的转型和创新工作

(1)“微时代”网络技术在思想政治教育话语转型中的作用

众所周知，当今时代网络的发展速度非常快，这也是“微时代”最显著的特征之一，而网络的发展最大的特征就是各类文化、信息、思想等交流、传播的开放性和时效性。正是由于网络资源共享的便利性、网民们发表言论的便利性以及资料搜索的便利性等特征，通过上网参与高校思想政治话语分析体系转型、创新研究的人越来越多，这就利于转型、创新方案的集思广益，利于发现“新点子”，进而促进高校思想政治教育理论话语分析体系的创新。

(2)“微时代”思想政治教育话语体系转型与其他学科的开放性融合

由于高校思想政治教育话语分析研究体系是一个不断发展变化、不断创新的开放型体系，所以，为了保证研究的先进性和科学性，思想政治教育话语分析的研究与其他学科的融合交流是十分必要的。比如，思想政治教

育话语分析与公共关系学、社会学、教育学、心理学、人际关系学、沟通学、语言学等多种学科的融合等。这种融合可以开阔思想政治教育话语分析研究转型的视野，有利于思想政治话语分析的创新；多学科融合也有利于提高思想政治话语研究的实用性，以切实保证研究的效果。

(3)全球性视域下思想政治教育话语体系创新转型的开放性

全球性的文化、思想发展背景对高校思想政治教育话语分析体系转型的影响表现在两个方面，这两个方面无一不体现了思想政治话语分析转型的开放性特征：

一方面，全球化使高校的思想政治教育话语分析能够走出国门，与世界各国的话语分析研究交流、融合等也提高了思想政治话语分析研究的水平，特别是与发达国家话语分析的交流等，可以借鉴和吸取相关方面话语分析的经验和教训，从而促进我国思想政治教育理论的话语分析。

另一方面，全球化使各国、各民族摒弃了本民族狭隘的话语分析研究思维和观念，转而开始接受开放的、更加先进的现代化话语分析理念，开阔了自己的眼界，同时也积极地向世界宣传我国的传统文化、我国的思想政治文化等，这些都利于我国文化的发展，而且对我国思想政治教育话语分析在全球话语体系中地位的提高也有所帮助。

2.保证高校思想政治教育话语体系创新的前提——研究工作的方向性

(1)高校思想政治教育不同于一般的理论性课程的教学，它具有鲜明的意识形态性，它的创新也不可避免地受到意识形态的影响。思想政治思想、文化的教学和宣传要与当前国家政治、社会的发展状况等相适应，也就是思想政治教育具有政治性。我国思想政治教育的意识形态性及政治性表现为无产阶级的意识形态和为人民服务的原则符合中国特色社会主义社会的建设。值得一提的是，我们需要保证高校思想政治教育的正确性，并且保证思想政治教育的实效性。在此基础上，培养大学生的政治敏锐性，反对、打击网络或者社会上流行的反社会话语等。

(2)坚持高校思想政治教育话语分析体系创新的方向性，是保证话语分析研究成果的正确性和研究取得实效的基本原则之一。我国高校思想政治教育的方向性特征有两方面的含义：一方面，帮助受教育者树立正确的人生观、价值观和世界观，保持个体思维方式、意识形态的正当性；另一方面，使受教育者认同和跟随教育对象以及思想政治教育思想、文化、知识所代表的政治力量，也就是保持受教育者思想意识的政治性。以上两点是检验“微时代”高校思想政治教育成功与否的关键性因素，也是当前思想政治教育理论课话语分析体系构建、转型和创新的方向保证。

3.高校思想政治教育话语体系创新开放性与方向性的辩证统一

开放性是保证高校思想政治话语体系的分析能够走出国门、走向世界并与世界先进的思想、文化话语分析等进行充分交流、融合的基础。开放性采用了当代先进的网络、数字等技术和手段进行思想政治教育理论课的话语分析。此外，还要保证思想政治话语的研究者、分析者、学习者等各个层面的参与者本身的开放性，包括个人主观思维的开放、眼界的开放等。

方向性是要保证高校思想政治教育话语分析坚持马克思主义的基本原理，保证思想政治研究的政治性，使其各项理论性研究符合大学生实际生产生活、社会交往等行为的需求；使其能够符合当代我国社会主义社会的发展需求；使其符合社会主义精神文明建设的需求；使其保持独立，坚持中国特色社会主义发展方向不动摇。思想政治教育话语分析体系转型、创新的开放性与方向性是相互统一的，开放性使思想政治教育发展的方向性受到了“威胁”，方向性保证了开放性的原则和发展趋势，二者互为表里，缺一不可，共同保障和促进着“微时代”高校思想政治教育理论话语分析体系的成功转型、升级和创新。

（二）“微时代”高校思想政治话语分析转型坚持科学与生活实际结合的原则

1.“微时代”高校思想政治教育话语体系转型的科学性

科学性原则的目的是要保证高校思想政治教育话语体系转型、创新、研究等各种行为活动的合理性和实效性。坚持科学性原则，需要做到以下三点：

(1)理论基础的科学性

在当前“微时代”的背景下，对于我国高校思想政治教育话语分析的转型、创新而言，思想政治研究的理论基础必须是马克思主义的基本原理，这一点是经过我国党和政府的长期实践检验证明的，符合当前我国社会发展的需求，符合广大人民群众的根本利益。

(2)研究内容的科学性

研究内容的科学性，包括高校思想政治教育教学内容、教学模式、教学方法，思想政治话语分析内容、话语分析方式、话语分析资源等的科学性。

当前我国高校思想政治教育的目的是培养有理想、有道德、有素质、有文化的"四有"青年，一切教学内容为培养中国特色社会主义事业的接班人而服务；教学内容要符合我国社会主义核心价值体系的建设，符合我国以爱国主义为核心的民族精神要求。

(3)创新过程的科学性

思想政治教育理论课话语分析创新过程的科学性是指在思想政治话语分析时要利用科学的手段和方式进行研究；尊重事物发展的客观规律；注重理论与实践的结合；讲究实事求是，在此基础上，形成科学、实用、合理的，具有正确思想意识的研究规律，并按照这个规律进行思想政治教育话语方面的分析。

2."微时代"高校思想政治教育理论课话语分析的生活化

(1)思想教育话语分析的生活化，是指话语分析研究中的各方面都要尽可能地接近广大学生的日常生活，使学生们能更加容易地理解和接受思想政治教育的各项理论知识。这符合"知识来源于生活""知识离开了生活便是无根之木"的观点。

(2)思想政治理论作为一种高于人们生存的经济社会的上层建筑，容易产生脱离社会实际生活的倾向，这就给广大学生学习、理解思想政治教育理论造成了一种客观的阻碍。为了使人们能更好地理解并更专业地融入到高校思想政治教育话语理论分析、研究工作中来，有必要先将思想政治的各种理论、学说放在人们熟悉的生活中进行解剖和分析。有专家也曾提出，思想政治教育内容来源于生活，也为生活中的具体问题的解决提供理论指导，离开了生活的发展，思想政治理论也就没有了研究的意义。没有了思想政治理论的正确指导，人们的生活也会陷入矛盾不可解决、不可调和的不可控现状中去。只有思想政治更加科学、合理地服务于生活，广大人民群众的思维方式、道德品质、道德素养才能真正得到提高，整个社会才能真正进步，高校思想政治教育的话语分析、发展才更加有实效。

(3)思想政治教育话语在人们生活中的改变不是一蹴而就的，它是一个循序渐进的过程。在这一过程中，人们不断发现问题并不断解决问题，它涉及人们关心的问题、人们需要的事物以及人们生活中了解的事物的方方面面。对于普通大众而言，思想政治教育理论话语过于专业化，过于书面化，因此一般人不能很好地理解。这就需要将各种思想政治意识形态性语言通过社会实践，用生活化的语言表达出来，这样人们才能更好地运用思想政治话语，才能保证每个人都能确切地参与到思想政治话语分析的工作中来。

(4)关于思想政治教育话语分析的生活化，国外许多先进的组织研究机构等做出了良好的示范，比如，国外的宗教话语分析、公民教育话语等都是将话语的分析融入人们日常的学习、工作和生活中。在社会实践中检验和使用研究的话语，在实践中发现话语分析的问题与不足之处并及时改正和解决，这就省略了许多研究完成后再传播到人民群众中间等环节，提高了国家整体的话语研究速度，提高了话语转型的效率。这些成功的例子都可以为我国思想政治教育话语分析工作提供可借鉴的经验。

3.思想政治教育话语体系的创新是科学性与生活化原则的有机统一

“微时代”高校思想政治教育话语分析体系转型的科学性是保证思想政治话语分析专业化、正确性的基础，是为了保证思想政治教育话语研究的实效性和敏捷性而设定的；思想政治话语分析转型的生活化是为了更加贴近群众，为了使群众能感受思想政治教育的魅力，为了帮助群众树立科学的“三观”，感受思想政治理论的力量与价值。在进行思想政治教育话语分析时要保证科学性与生活化的有机统一，只有二者相互配合，才能最大限度保证思想政治话语分析研究理论与实践的综合工作效率。值得一提的是，保证科学化不是意味着“形式主义”，更不是“条文主义”，而是在进行思想政治教育话语分析时要结合实际的需要进行灵活的改正和变化；生活化并不是随意地打乱科学发展的规律与规范，而是要“以人为本”，讲究实事求是。总之，科学性与生活化的有机结合，可以使从事思想政治话语分析的相关专家、学者能够设身处地地为群众考虑，能够换位思考群众生活中的困难与劣势，能够保证提出的理论更加切合实际，能够提高和促进思想政治教育话语分析转型的速度和进度。

第四节　“微时代”思想政治教育话语体系的发展前沿探析

一、思想政治教育教学模式的时代化转变

(一)思想政治教育开放性教学模式

为了适应21世纪以来全球经济的飞速发展，为了提高我国高校思想政

治教育的水平，为了实现高校思想政治教育的时效性，我国各大高校结合多年的教学经验，总结和探索出了一种开放性的教学模式，这种教学模式适合包括高校思想政治教育在内的多个学科的教学。开放性教学模式如同一般性教学模式一样，它也有一定的教学层次、教学环节以及特定的教学环境，不同的是这种教学模式更加大胆、新颖，更加自由和开放，更符合大学生的年龄特点，充分给予了学生自由发挥的空间，有利于调动学生学习思想政治教育的热情。

1.教学内容的开放性表现。与传统的教学方式相比，开放性的教学模式在教学内容方面就凸显出了鲜明的特点。开放性的教学内容包括：教学更加贴近学生真实的生活；教学内容更加关注党和国家制定的各项方针、政策；教学内容由传统的、封闭的、固定的概念、案例等扩展到了全世界，使国际各种局势的变化会尽快地呈现在高校思想政治教育的课堂中来；教学内容更加具有时代感，使学生们能够感兴趣，而不是“念书”。

2.高校思想政治教育教学主体更加开放。教学主体的开放性体现在实际教学中就是“学生地位的提高”，学生与老师地位平等，将老师的引领、主导作用与学生的主观能动性结合起来，鼓励学生提出问题，在课堂上自由、平等地交流，这样才能畅所欲言、才能真正提高学生的思想政治道德素养，从而促进学生的全面发展。

3.开放的高校思想政治教学形式。高校思想政治教育开放性的教学形式讲究“走出课堂”，老师带领学生们积极参与社会实践，采用新型的、现代化的教学技术进行教学，这在“微时代”背景下体现得更为显著。学生参与社会实践可以在实践中培养自己的责任感、提高人际交往能力、培养良好的道德品质等，在此基础上学生能够做到学以致用，进而实现自我素质的提高达到教学的目的。

(二)思想政治教育实践教学模式

众所周知，高校思想政治教学实践是一种对教学理论的强化行为，通过教学实践，学生可以更加深刻地认识教学理论并能够掌握理论指导实践的能力。值得注意的是，高校思想政治理论实践的教学，需要充分调动老师和学生的实践参与积极性，以便更好地将思想政治理论与实践结合起来，将课堂教学与社会实践结合起来，将学习行为与研究活动结合起来，这样才能更有效地提高学生思考问题、解决问题的能力，也易于培养学生独立自主解决问题的实践能力。

值得一提的是，高校思想政治教学的实践活动不同于一般性理论课的教学实践，它涉及学生“三观”的确定，涉及学生理想的培养，极大地影响了学生对社会的分析、了解和认识。可以说，学生参与思想政治理论教学实践是将来学生步入社会各种生产活动、生活活动，养成社会行为习惯等的缩影。应该明白，保证了学生参与思想政治理论课社会实践的正确性，一定程度上就保证了学生将来参与社会活动的正确性。对于高校学生参与的思想政治理论教育实践活动而言，其实践目的就是为了更好地锻炼学生改造客观世界的能力，使学生实现客体价值，提高学生参与实践的能力与提高自身素质。但是，学校不能以学生参与实践成绩的好坏断定学生本性、思想、行为等的优劣，实质上，高校思想政治理论课实践活动仍然是一种应用化、实践化的教学活动。

（三）思想政治教育反思性教学模式

所谓“反思”，顾名思义，即自我省察、自我回顾，就是行为主体对自身既往行为及相关认知理念自觉进行换位思考的认识活动和探究活动。反思的指向主要是关于过去的意识和行为，具有价值评判的性质。事实上，“反思”一词本身就含有“反省”“内省”之意，从本质上来说就是一种批判性思维，即通过对自己的思想、自己的心理感受等的思考，审视、分析当前的认识活动。教学中反思的内涵是立足于教师自身之外，是对教师自身的教学思维和行为的一种批判。反思的目的既是为了回顾过去或培养反思的意识，更是为了指导即将进行的教学活动和教学实践。反思不仅是内隐的思维活动，而且也是外显的实践行为，联系着思维和行动两头，能够确保反思结果在教学实践中得到检验。高校思想政治理论课反思性教学，就是在思想政治理论课教学实践过程中，教师对自身的教学活动不断地进行反思的一种行为，是对教学行为和教学过程进行批判性的、有意识的分析与再认知的过程。它需要教师在教学实践活动中积极关注自身的教学行为和具体的教育情境，以开放的心态接纳不同的观点，从多个角度积极思考问题、研究教学活动并对自己的选择与行动负责。

二、创设思想政治教育话语自觉的话语境域

话语境域即语境，对话语的产生与理解有巨大的影响。创设良好的思

想政治教育话语境域能够促进话语体系的自觉创新。一方面，根据社会影响下的思想政治教育话语语境的自发性和非确定性特点，充分利用其积极因素，消化其新生因素，遏制其消极影响，使其纳入思想政治教育所创设和营造的良好语境之中。另一方面，思想政治教育对象总是生活、工作在一定的微观环境中的，每一个环境又有自己的语境，因此，思想政治教育话语创新应该进一步把握与创设组织、人际交往和家庭独特环境等相关的领域，进而创造适合新的话语传播接受的各种境域，使新话语的产生有深厚的生长土壤。这样就有利于促进个性话语的生成和创新，彰显思想政治教育话语体系的个性化和全面性。总之，一个新的领域的产生、发展、完善必定是一个由低级向高级不断发展的创新过程。而只有了解这个新的领域有何价值与作用，才能发现它的不足与创新之处，才能真正地去研究为什么要创新，如何去创新。思想政治教育话语体系也是一个这样的过程，需要我们在实践过程中不断地去寻求构建它的最优路径，进而实现它的最终目标。

作为一种对受教育者的思想发展施加影响的实践活动，思想政治教育话语总是抓住一切可能的机会对受教育者思想发展和社会行为产生影响，并积极介入思想政治教育话语的各个境域。思想政治教育话语时空范围、话语的境域可以动态延伸发展。一方面，思想政治教育话语资源的获取、话语信息的传递及话语内容的影响从一定区域向更大区域延伸；另一方面，伴随着聊天、资讯交往平台等网络载体日趋成熟与完善，人们的社会关系结构也从现实生活中的位置节点向虚拟空间延伸建构，那么随之发生相应调整的是思想政治教育话语的内容和方式。在思想政治教育话语的现实境域，人们之间是基于一定的社会伦理、道德规范、政治意识和法律规范而交往，并在一定阶级的教育目标下参与教育活动。这种教育实践活动主要是对教育者起主导作用，教育者掌控着话语主导权，通过“一对一”或“一对多”的单向线性教育来传递责任意识、荣辱观念和主导价值观念，并在格式化、模式化的话语内容传递中把受教育者的自我“劣根性”抑制在教育者可控范围内，把受教育者的思想发展引向教育者所预设的方向。但在思想政治教育话语的虚拟境域中，教育者霸权遭到解构，教育者话语内容的局限性和教育活动的限定性遭到了突破，使受教育者在话语结构中有了更广阔的获取话语内容与进行教育的空间，受教育者逐渐摆脱了现实境域中被话语信息边缘化的从属地位，有时甚至成为话语内容的发布者、拥有者和主导者。

教育者只有顺应思想政治教育话语这种位置关系的转换，才能有针对性地创新话语方式并增强话语实效。思想政治教育话语模式也从教育者中心模式向着虚拟空间中教育者和受教育者双中心模式发展。特别是虚拟空间中的思想政治教育改变了过去相对单一的灌输式话语方式，用图文并茂、色彩鲜明、影像综合、交流评述等形式表达和再现思想政治教育话语内容，增强了思想政治教育话语的感染力和影响力，而且这种灵活多样、特点鲜明的传递方式契合了受教育者社会生活的节奏和需要。数字化交往形式扩大了思想政治教育话语内容的信息储备，网络交往的快捷、交互增加了思想政治教育话语的影响范围，为思想政治教育话语向虚拟境域的拓展提供了可靠的物质基础和技术保证。

总之，从社会经济环境、政治环境、文化环境和传媒环境的变化来认识思想政治教育话语环境的变化，主要是通过这些环境因素自身变化，相互之间所形成的纽结与话语内容、话语方式以及话语过程之间的联系来体现，进而寻找思想政治教育话语环境变化的事实依据，为思想政治教育话语方式转换提供理论和方法上的指导并切实提升现代思想政治教育话语的实效。在世界全球化运动和改革开放政策的引领下，中国以自身潜在的发展能力迅速崛起，并通过自身良好的发展形象融入世界发展大潮之中。这种融入一方面帮助思想政治教育话语获得了更多的国际资源，促进了思想政治教育话语的现代转换；另一方面使中国承担了更多的国际责任，拓展了思想政治教育话语的交往空间，进而增强了其影响力。在中国日渐增强的经济实力与和谐稳定的社会环境中，良性运行的政治生态、负责任的国际担当推动下，中国话语、中国精神、中国特色正成为一种全球共识，其结果使现代思想政治教育话语内容的生成、交往和发展处于更加有利的话语环境中。

第九章　思想政治教育创新发展问题研究

思想政治教育创新发展问题引起社会广泛关注。本章主要论述当前思想政治教育面临的机遇与挑战、思想政治教育创新发展的路径选择、思想政治教育创新的保障——促进教师的专业化成长等内容。

第一节　当前思想政治教育面临的机遇与挑战

一、当前高校思想政治教育的主要成就

在党的领导下，高校思想政治教育全面贯彻落实党的教育方针，取得了巨大成绩，不仅在培养高素质人才、推动高等教育改革发展、维护学校和社会稳定等方面发挥了重要作用，在自身建设上也取得了长足的进展，高校思想政治教育的地位得到进一步巩固和加强。

第一，进一步确立了高校思想政治教育的首要地位。20 世纪 80 年代中后期，受资产阶级自由化思潮的影响，大学生思想政治教育的地位受到了严峻挑战，大学生思想政治教育出现了被动的局面。进入新世纪新阶段，以胡锦涛同志为总书记的党中央，高度重视大学生思想政治教育。2016 年 12 月，习近平总书记在全国高校思想政治工作会议上强调："高校思想政治工作关系高校培养什么样的人、如何培养人以及为谁培养人这个根本问题。要坚持把立德树人作为中心环节，把思想政治工作贯穿教育教学全过程，实现全程育人、全方位育人，努力开创我国高等教育事业发展新局面。"[①]2018

① 《习近平在全国高校思想政治工作会议上强调：把思想政治工作贯穿教育教学全过程　开创我国高等教育事业发展新局面》，《人民日报》2016 年 12 月 9 日。

年9月10日，习近平总书记在全国教育大会上再次强调："培养什么人，是教育的首要问题。我国是中国共产党领导的社会主义国家，这就决定了我们的教育必须把培养社会主义建设者和接班人作为根本任务，培养一代又一代拥护中国共产党领导和我国社会主义制度、立志为中国特色社会主义奋斗终身的有用人才。这是教育工作的根本任务，也是教育现代化的方向目标。"①至此，我们党对高校思想政治教育的地位和作用已经有了一个持续稳定的科学认识。

第二，高校思想政治教育内容不断充实，覆盖面不断扩大，新载体、新途径不断拓展，实效性不断增强。以习近平新时代中国特色社会主义思想"进课堂、进教材、进学生头脑"为主要内容，高校思想政治理论课改革和建设不断推进，思想政治理论课作为思想政治教育的主渠道作用得到发挥。高校还相继开设了系列颇具特色的人文素质课程、科学技术课程。与此同时，校园文化、大学生社会实践、心理咨询与辅导、网络教育、大学生素质拓展、职业生涯规划等一批新的思想政治教育形式应运而生，在高校思想政治教育中发挥着越来越重要的作用，如今，各具特色的校园文化已经成为校园一道亮丽的风景线。社会实践已经成为大学生的一门必修课，内容和形式不断更新。思想政治教育进网络在探索中取得重大进展，创办了以"中国大学生在线"为代表的一大批思想政治教育网站，加强了对校园网的建设和管理，开展了丰富生动的网上思想政治教育活动。心理健康教育被纳入学校德育工作体系，高校普遍建立了心理健康教育、心理辅导或咨询的专门机构，开展了相应的教育教学科研和实践活动。加大了对经济困难大学生的资助工作，初步形成了以国家助学贷款为主体，包括奖学金、勤工助学基金特殊困难补助和学费减免在内的助学体系。高校思想政治教育实践在向横纵方面、宏观微观领域不断拓展的过程中，构建起了多渠道、多层次、全方位实施思想政治教育的综合育人体系。

第三，高校思想政治教育工作队伍得到加强，建立了一支高素质的高校思想政治教育队伍。在加强以学校党政干部和共青团干部、辅导员和班主任队伍建设的基础上，开始把思想政治理论课和哲学社会科学课教师纳入

① 《习近平在全国教育大会上强调：坚持中国特色社会主义教育发展道路　培养德智体美劳全面发展的社会主义建设者和接班人》，《人民日报》2018年9月11日。

大学生思想政治教育队伍的主体之中。通过组织参加社会实践、挂职锻炼、学习考察等活动，不断提高他们的工作能力和水平。与此同时，调动一切积极因素共同做好大学生的思想政治教育工作。一些高校从教师和品学兼优的党员研究生、高年级大学生中选拔配备班主任、辅导员或导师。一些有条件的高校采取了“工作保研”(即在本校推荐免试研究生的计划中划出一定的名额，用于选留做学生辅导员，他们工作 2 年后再攻读研究生)的形式加强辅导员队伍建设。目前，已初步建成一支以专为主、专兼结合、优势互补、结构合理、素质较高、动态平衡的较为稳定的大学生思想政治教育工作者队伍。

第四，完善了高校思想政治教育领导和工作体制，初步形成了全员育人的格局。党委领导下的校长负责制进一步发展完善并逐步建立健全高校思想政治教育工作领导体制和管理体制。在此基础上，逐步建立了在党委的统一部署下，以校长及行政为主实施的德育管理体制。经过数年来的探索和实践，为落实以人为本和“教书育人”“管理育人”“服务育人”的新要求，高校思想政治教育管理体制正在朝着党委统一领导、党政齐抓共管、专兼职队伍相结合、全校紧密配合、学生自我教育的领导体制和工作机制迈进。

第五，推进了高校思想政治教育的科学化和规范化建设。高校思想政治教育在科学理论武装、应用理论研究、基础理论研究和现代化手段运用等领域取得了大批科研成果。以教育部为例，连续数十年在京、津、沪、鄂、粤、陕、苏、赣八省市 74 所高校进行学生思想政治状况调查，为党和政府制定大学生的思想政治教育政策提供了决策依据。一些思想政治教育刊物，加大了对高校思想政治教育研究和支持的力度，推动了高校思想政治教育科学化的发展。与此同时，高校思想政治教育规范化建设在实践中扎实推进，在涉及高校思想政治教育的指导思想、基本原则、总体规划、主要内容和队伍建设等方面都有明确的规定。

二、当前高校思想政治教育的基本经验

高校思想政治教育工作遵循党的基本路线，适应党的工作重点转移，面对改革开放和建设社会主义市场经济体制的新形势、新情况，同各种错误思潮斗争，不断探索、开拓前进，取得了显著成效。

第一，始终坚持高校思想政治教育的正确政治方向。高校思想政治教

育工作的重要经验之一就是坚持社会主义方向,坚持党的领导。坚持党的领导,加强党的建设,是坚持高等学校社会主义办学方向的根本,也是加强和改进思想政治教育的关键。这是由思想政治教育的政治本质决定的。也就是说,思想政治教育的政治本质决定了高校思想政治教育的价值取向,决定了我们所进行的思想政治教育就是要为维护和发展中国的社会主义制度服务。高校历来是各种理论学术观点,思想政治观点交汇、融合、争斗的阵地。在这样复杂的形势下,高校能否坚持社会主义方向,坚持用马克思主义理论培养社会主义事业的建设者和接班人,关系到中国社会未来的前途命运。

坚持高校思想政治教育的正确方向要坚持社会主义方向。一是应着眼于社会主义初级阶段的客观实际。在社会主义初级阶段,思想政治教育不能超越更不能脱离初级阶段的要求和实际。二是坚持高校思想政治教育的社会主义方向,表现为坚持思想政治教育的社会主义性质,为社会主义事业服务。在当今的新时期主要体现在爱国主义、集体主义、社会主义的主旋律教育上,用习近平新时代中国特色社会主义思想武装大学生的头脑,以理想信念教育为核心,以爱国主义教育为重点,教育大学生坚持社会主义方向,树立科学的世界观和正确的人生观与价值观,同时深入开展党的基本理论、基本路线、基本纲领和基本经验教育,开展中国革命、建设和改革开放的历史教育,开展国情教育和形势政策教育。加强和改进高校思想政治教育工作必须紧紧围绕“培养什么人、怎样培养人、为谁培养人”这一基本问题。思想政治教育工作的根本目的是育人,加强和改进高校思想政治教育工作就是要把大学生培养成为具有爱国意识和国际视野的当代青年,培养成为具有良好思想品质与行为能力的优秀人才,培养成为有理想、有道德、有文化、有纪律的德智体美劳全面发展的社会主义事业合格建设者和可靠接班人。

第二,始终坚持育人为本、德育为先,把立德树人作为教育的根本任务,将课堂教学与校园文化建设紧密结合,不断扩大高校思想政治教育的覆盖面。一方面,要保证显性德育课程的课时与阵地,教育并引导学生逐步树立正确的世界观、人生观和价值观。思想政治理论课是大学生思想政治教育的主渠道,是帮助大学生树立正确世界观、人生观、价值观的重要途径,也是社会主义大学的本质要求。课堂是向学生传授知识的主要场所,也是对学生进行思想政治教育的主要场所。在思想政治教育工作中,注意将政治理论课和形势与政策教育课、心理健康教育及就业指导工作有机结合，把教学方法的改革及教学内容的合理构建结合起来，把思想性、知识性、教育性结合起来，把教书与育人紧密结合起来，确保所有教师都履行育人职责，思政课程和课程思政都发挥育人功能。另一方面，在发挥思想政治理论课主渠道作用的同时，高校的思想政治教育工作还要注重不断提高隐性德育课程的实效，寓教于乐，让学生在具体的德育活动中受到熏陶，接受教育。

第三，始终坚持以人为本的思想政治教育科学理念，从解决大学生实际问题出发，增强高校思想政治教育的实效性。高校思想政治教育工作任务重、要求高，特别是在当前的社会历史时期，做好这项工作更具挑战，这就要求加强高校思想政治教育工作，必须妥善解决好大学生最关注的实际问题。在关心帮助学生中引导教育学生，为大学生办实事、做好事、解难事；把解决思想问题与解决实际问题结合起来，把教育学生和服务学生结合起来，既要教育引导人，又要关心帮助人。

第四，始终坚持把开拓创新作为根本动力，不断推动高校思想政治教育工作与时俱进，增强吸引力和感染力。创新是一个民族的灵魂，是一个国家兴旺发达的不竭动力，是一个政党永葆生机的源泉，也是不断推进高校思想政治教育工作的重要法宝。高校思想政治教育工作从内容到形式不断创新、锐意进取，努力增强思想政治教育的吸引力和感染力。

其一，建设思想政治教育工作的网络阵地。网络技术使教育发生了根本变革，网络对大学生思想的影响越来越大，高校思想政治教育工作不占领网络阵地就等于失去了半壁江山。全国各高校充分利用网络这一现代化手段，搭建起有效的信息网络，积极拓展高校思想政治教育工作的新领域。一是建立和构筑高校学生思想政治教育的网络防线，开辟“思想政治教育”课堂，拓展在网上开展思想政治教育的新途径和新阵地，使广大师生在享受互联网传播信息便利、快捷的同时，增强政治敏锐性和政治鉴别力，提高抵御错误思潮和腐朽生活方式影响的能力。二是加强网络信息管理，政府和各高校要对网络信息做好入境防范，强化对上网信息的监控，过滤虚假的、有害的、错误的、反动的信息，建立较为完善的网络管理办法，监控不良信息，规范网络运行，做到有章可循、有法必依、违法必究，杜绝一切有害信息的滋生和蔓延。三是加强培养、建立一支精干高效的思想政治教育工作队伍，要求思想政治教育工作者掌握网络信息技术，学习网上教育方法，及时收集、分析、监控网络信息，发现学生关注的热点、难点问题，尤其是带倾向性、群体性的问题，进而采取有效措施，有针对性地做好工作。

其二，建设思想政治教育工作的公寓阵地。随着高校后勤服务社会化步伐加快，学生公寓的环境氛围、公寓的文化设施和公寓管理服务的质量以及公寓管理模式，对传统的高校学生思想政治工作提出了新的挑战，也给高校的稳定带来了新的问题。因此，努力建设思想政治教育工作的公寓阵地，是高等教育改革与发展的时代要求，也是高校学生思想政治教育工作者的战略抉择。很多高校结合当前学生公寓管理特点，建立学生思想政治教育工作新的组织形式、工作机制，如辅导员进驻学生公寓，与广大学生同吃、同住、同生活，逐步了解公寓中学生的生活和学习情况，按照"服务、引导、教育、管理"的原则，切实、有效地做好高校学生思想政治工作，为广大学生的成长成才、品德修养、情感交流创造良好的环境，努力把学生公寓建成学生自我教育、自我管理、自我服务的场所，积极组织开展公寓文化建设活动，为思想政治教育工作创造良好的环境条件和氛围，学生思想政治教育工作进公寓，要特别重视加强对大学生集群行为的控制与引导。客观上，高校学生住宿的公寓化，容易引发学生的集群行为，而大学生的集群行为具有行为过程的失控性、行为后果的破坏性等特点。一旦对学生的集群行为失去控制，极易扰乱校园秩序。因此，一方面要教育引导大学生全面、客观、辩证地思考问题；另一方面要建立正常的信息反馈和对话机制，针对问题，因势利导，及时进行情绪疏通，从而加强对大学生集群行为的控制与引导。

其三，建设思想政治教育工作的社团阵地。学生社团作为学生锻炼提高素质的自发性群众组织，受到越来越多同学的青睐，成为广大同学培养兴趣爱好、发挥自身潜能、全面塑造自我的"第二课堂"。学生社团在传承先进文化、丰富学生课外生活、扩大学生知识领域、满足学生多元化的文化需要、全面提高学生素质等方面，起到了不可替代的作用。学生社团成为校园文化中的一道亮丽的风景线，吸引了众多师生的目光，也成为学生思想政治工作的一个重要阵地。很多高校进一步将社团建设纳入思想政治教育工作的组织体系、资源体系、活动体系和培训体系之中，努力把学生社团建设成思想交流、学术研究、校园文化、党团组织建设的平台。

第五，始终坚持把全党重视、全社会共同参与作为根本举措，不断增强高校思想政治教育工作的建设合力。加强和改进大学生思想政治教育工作，培养一代又一代中国特色社会主义事业的合格建设者和可靠接班人，是时代的要求、历史的重托、人民的期望，是全党全社会共同的重大任务和光荣使命。高校学生思想政治教育是一个综合、复杂的系统，会受到社会、学校、家庭等环境因素的作用和影响，也会受到学校内部管理体制、教育者素质和教学质量的影响。全社会充分利用各种积极因素，调动一切可以调动的力量，形成齐抓共管的新局面，不断增强高校思想政治教育工作的建设合力。

三、当前高校思想政治教育需要解决的主要问题

随着改革的不断深入，经济和社会的不断发展，以及高等教育规模的持续扩大，高校大学生的思想政治教育面临着新的挑战。我们同样应该看到，当前大学生思想政治教育工作还存在着一些亟待解决的突出问题，具体表现在以下几个方面：

（一）怎样进一步落细落实立德树人的根本要求

大学生是十分宝贵的人才资源，是民族的希望，是祖国的未来。加强和改进大学生思想政治教育，提高他们的思想政治素质，把他们培养成中国特色社会主义事业的建设者和接班人，对于全面实施科教兴国和人才强国战略，确保我国在激烈的国际竞争中始终立于不败之地，确保实现全面建设小康社会、加快推进社会主义现代化的宏伟目标，确保中国特色社会主义事业兴旺发达、后继有人，具有重大而深远的战略意义。高校思想政治教育是“成人”的教育，而“成人”是成才的前提。在我国社会发展进入这样一个崭新的历史时期之际，通过高校思想政治教育引导大学生如何“成人”的问题变得更为复杂，也更加重要。要把“培养什么人、如何培养人”这一重大课题始终摆在重要位置，始终坚持教书与育人相结合，做到学校教育，育人为本，德智体美、德育为先。可以说，德育是教育的应有之义，也是教育的最高目的，即它不是教育以外的东西而是教育本身。高校思想政治教育一旦变成教育以外的东西，就不可能真正实现其教育的功能和价值；而正因为它是高等教育的应有之义，高校思想政治教育就必须尊重教育发展的一般规律。

但是，如今仍然有一些高校领导只重视学校的办学规模、学科建设、科研项目、师资队伍、就业情况等硬指标，把高校思想政治教育视为软任务，不能主动而自觉地予以关注和进行相应的物质投入。因此，在处理德育和智

育关系的问题上不同程度地出现了“一手软，一手硬”的现象。个别高校对中央提出的立德树人要求片面理解，表面应付，存在形式化、敷衍化的消极现象。还有的高校思想政治教育相关机构不健全，人员编制不完备，数量和质量上都不能适应工作需要；再加上客观环境使得部分高校面临巨大的生存压力，加强和改进大学生思想政治教育工作很难成为他们最先关注和重视解决的问题。因此，这种认识不到位、配备不齐全、环境不支持的现象必然导致高校思想政治教育工作不能得到及时有效的贯彻落实。

为此，我们必须进一步努力贯彻落实立德树人的要求，在思想上对高校思想政治教育充分重视起来。“培养什么人、怎样培养人、为谁培养人”，是高校一切工作中的首要问题，也是所有高校管理者在国际国内形势发生深刻变化的背景下需要不断加以探索的重大课题。

（二）怎样进一步丰富内容和形式，增强高校思想政治教育的实效性

一直以来，高校思想政治教育在针对性、实效性和吸引力、感染力方面都在进行着积极探索，有力地加强和改进了大学生思想政治教育工作。但由于近年来大学生数量的增加，师资相对短缺，人均占有教育教学资源仍然存在一定缺口，大学生的一些合理的需求难以得到满足，把思想政治教育与解决大学生的实际问题有机结合起来的难度较大，在一定程度上削弱了高校思想政治教育的实效性。此外，高校思想政治教育适应新形势、更新手段、提高实际教育效果与应然状态还有一定的差距。

具体而言，主要表现在：一是思想政治教育理论课教学与日常思想政治教育工作相分离，教学和思想政治工作还存在着“两条线、两张皮”问题，削弱了高校整体育人的功能。二是思想政治教育方式和手段有待进一步创新。由于缺少生动、活泼的手段和形式，思想政治教育理论课和实际工作中的“大道理”难以达到“寓教于学”“寓教于乐”的效果。三是工作创新机制比较缺乏，还不能用发展的思维探索和研究新情况、新问题，从而使思想政治教育的针对性、主动性、实效性和时代感大打折扣。四是思想政治教育工作途径创新依然不足。特别是在新形势下如何加强高校思想政治教育工作，个别高校的领导在思想上还没有达成共识，在指导思想上和目标任务上，还比较模糊。高校思想理论课教学内容、课程设置尚未完全切合大学生实际要求，教学方法陈旧，教学手段单一，致使部分大学生不太喜欢上思想政治理论课。作为大学生思想政治教育的主阵地、主课堂、主渠道，思想政治理

论课的作用没有充分发挥出来。五是高校思想政治教育效果有待进一步提高。虽然高校思想政治教育本身需要的硬件和软件环境有了极大改善，但是由于高校思想政治教育的客观环境以及大学生群体的特殊化、复杂化，高校思想政治教育的教育内容、教育方式和教学手段以及整体教育体系都面临众多挑战。高校思想政治教育的教育目标实现往往要依赖众多因素的共同作用，目前受到的制约性和局限性仍然比较大。

今后，在进一步增强高校思想政治教育的针对性、实效性和吸引力、感染力方面，都有待于加强研究，重点攻关，努力取得新的突破。

（三）怎样进一步加强队伍建设，完善高校思想政治教育工作的长效机制

在改革开放、确立社会主义市场经济体制的条件下，加强和改进大学生思想政治教育工作，强化高校思想政治教育工作的体制与机制建设是高校的一项长期而重大的战略任务。面对新形势、新问题、新挑战，高校思想政治教育工作不能满足于阶段性的教育成果，囿于高校思想政治教育专职部门的工作范畴，停留在领导重视程度时紧时松的水平上。高校思想政治教育必须从培养社会主义事业合格建设者与接班人的战略高度，从体制上系统构建、制度上加以规范、机制上加以保障，用系统性、制度性、融合性的体制安排去完善健全思想政治教育工作的长效机制。这是一个事关高校思想政治教育工作实效性能否得以实现、需要不断去探索和创新的理论与实践问题。

高校思想政治教育工作作为党的事业的重要组成部分，党组织承担着思想政治教育工作的主体职能，高校党的各级组织，从党委到支部，可谓结构体系完整、体制健全。伴随着完全学分制的实施，后勤社会化改革的推进，高校又探索构建了党团组织在社区、宿舍、社团的新体制。这为保障高校思想政治教育工作的普及开展奠定了基础，但同时存在着重体制构建、轻机制探索与建设的普遍问题。体制构建是基础，机制建设是保障，再好的体制如果没有好的机制作为支撑，最终难以发挥它应有的效用。目前，虽然全国高校都重视高校思想政治工作者的队伍建设，建立起辅导员、导师制、班主任工作制等形式，但存在着重使用、轻培养，“一手硬，一手软”的现象。同时，高校对思想政治工作者队伍建设力度普遍不够，对参与大学生思想政治教育工作的情况在考核管理、效果监控上还缺乏科学的指标体系。而思想政治工作者日常工作本身头绪多且繁杂，思想政治工作者队伍更多的是扮

演消防队员的角色，最为核心的思想政治教育工作缺乏稳定性和规范性。由此造成了高校思想政治工作者队伍对自身角色的极大困惑，严重影响了高校思想政治教育工作的实际效果。

（四）怎样进一步建设工作体系，增强高校思想政治教育工作的合力

高校思想政治教育不应该游离于社会大系统，必须将自身与整个社会融合为一。当前，高校思想政治教育“全员育人、全程育人、全面育人”的“大教育”局面还有待于进一步落细落实，形成立德树人的工作合力。从整体情况来看，依然存在着工作推进不太平衡，不同单位、不同学校以及同一学校的不同工作都参差不齐的问题，有的学校或有些工作差距还比较大；各有关单位、各高校加强和改进大学生思想政治教育的工作机制尽管已经建立，但仍需要加大磨合的力度。问题的主要原因在于，对于高校思想政治教育的认识还存在“狭隘性”倾向，主要表现在：人为地割裂学校教育与社会教育、家庭教育的关系，人为地将学校环境与社会大环境割裂开来，人为地割裂社会全体成员对大学生思想政治教育的权利和义务关系。比如，在一些高校，只有少数职能部门和数量不多的政工干部、辅导员对大学生思想政治教育负责，而更多的职能部门和更多的专业课教师、管理人员则表现出漠视或事不关己的态度。这种“狭隘性”认识是高校思想政治教育缺乏实效性的重要原因之一，也是影响高校思想政治教育“大教育”格局形成的观念上的主要障碍。具体而言，主要表现在：第一，在目前看来，学校、家庭、社会三方面尚未形成一个里应外合、通力合作、努力提高大学生思想政治素质的合力。消极的社会因素和不当的家庭教育往往降低甚至抵消学校思想政治教育的效果，而一些恶劣的社会现象和家庭问题则严重干扰了高校思想政治教育的实效性。第二，高校思想政治理论课教师、哲学社会科学课教师以及高校各门课程教师之间共同承担立德树人使命，但发挥整合功能的机制尚未完全形成，师资之间团结合作、系统教育的力量比较薄弱。第三，第一课堂和第二课堂往往相互分离，不能相互呼应、相辅相成。公寓、网络、社团等思想政治教育的阵地建设相对落后，不能系统发挥德育功能。第四，高校“三育人”（教学育人、管理育人、服务育人）体系尚不完备，高校思想政治教育的整体性功能发挥尚不充分。

除以上问题外，在高校思想政治教育工作发展进程中，还存在着个别学校思想政治教育工作结合学校改革发展实际、服务学校中心工作不够，教师

思想政治教育工作、学生日常教育和管理需要进一步加强等不足之处。因此，我们要清醒地认识这些问题和不足，不断地解放思想，改进工作，努力把新时代高校思想政治教育工作提高到一个新的水平。

第二节　思想政治教育创新发展的路径选择

一、积极推进高校思想政治理论课教学改革

（一）深刻理解高校思想政治理论课的特点和要求

高质量的教材是提高思想政治理论课教育教学水平的重要前提。中央明确把高校思想政治理论课教学大纲和教材的编写纳入马克思主义理论研究和建设工程，由中宣部、教育部直接负责这项工作。自 2005 年 3 月以来，这项工作以“定向申报，择优遴选，集中编写”的方式紧张而有序地进行。六门高校思想政治理论课的编写组一般先是用大约半年时间完成教学大纲的编写并通过层层审定，接着又用半年多时间完成教材初稿的撰写，然后进入最后的审定。

各个课题组全面贯彻党的十九大精神和习近平新时代中国特色社会主义思想，落实全国高校思想政治工作会议精神；按照价值引领、能力达成、知识传授的总体要求，深刻领会中央关于繁荣发展哲学社会科学和实施马克思主义理论研究和建设工程的文件精神。在认真进行学术调研、教材调研和大学生思想状况调研的基础上，以饱满的政治热情和严谨的学术作风进行教材初稿的编写工作。首席专家和主要成员把编写教材的过程变成了学习和研讨的过程，重视发挥集体智慧，及时交流修改意见，字斟句酌，精益求精，力求使教材充分反映马克思主义发展和马克思主义中国化的理论成果，充分反映党领导人民进行革命、建设和改革的实践经验，充分反映我国哲学社会科学发展的最新进展。对高校思想政治理论课教材的特点，我们应该有深刻的理解。

在理论内容上准确把握新课程的基本内容，切实保证教学改革的科学性和准确性。“马克思主义基本原理概论”课着重讲授马克思主义的世界观和方法论；“毛泽东思想和中国特色社会主义理论体系概论”课着重讲授中国共产党把马克思主义基本原理与中国实际相结合的历史进程，充分反映

马克思主义中国化的理论成果和党的十八大以来的新成果;“中国近现代史纲要”课主要讲授中国近代以来抵御外来侵略、争取民族独立、推翻反动统治、实现人民解放的历史经验;“思想道德修养与法律基础”课主要进行社会主义道德和法制教育。高校思想政治理论课教学改革要严格执行上述规定,认真阐述这些内容。

高校思想政治理论课教学改革是突出理论性的,它重在使学生的认识实现由感性向理性的飞跃。但是,为了做到这一点,我们又不能就理论讲理论,而必须紧密联系实际,特别是要联系改革开放和社会主义现代化建设的实际,联系大学生的思想实际。高校思想政治理论课教学改革不仅要讲清楚基本理论观点,而且要对一些重大的理论和实际问题作出说明,作出评述,最好是在说明和评述问题中阐述党的基本理论。要了解大学生中有哪些热点难点问题,并认真加以梳理和研究,有针对性地加以回答。特别是要为大学生思考这些问题提供科学方法论的指导,使学生在诸如为什么中国要由共产党来领导、为什么中国要走社会主义道路、为什么要在意识形态领域坚持马克思主义的指导地位等重大问题上保持清醒,明辨是非。

(二)大力推进思想政治理论课教学管理方式的改革

主要包括以下内容:第一,改革教师组合方式。第二,改革课堂讲授方式。第三,改革排课和选课方式。第四,改革讨论组织方式。第五,改革考核方式。第六,改革教学管理模式。

(三)切实提高高校思想政治理论课教师的素质和水平

第一,牢固树立新的教育教学理念,坚决贯彻以学生为中心的思想。要进一步推进高校思想政治理论课教学改革,确保教学改革顺利实施的一个重要问题就是必须更新教学理念。那种只站在教师的角度去考虑问题的思路是不正确的。教师是为学生服务的,高校思想政治理论课教学改革必须牢固树立以学生为中心的新理念。

要做到以学生为中心,就必须了解学生的实际需求和喜好。我们的一切努力都应该以教学内容进学生头脑为根本出发点和落脚点,以教学活动激发学生兴趣为追求目标,以教学方式得到学生接受和欢迎为评价尺度。我们应该正确认识学生。对于当代大学生在思想政治上存在着这样或那样的模糊甚至不正确的认识,我们用不着大惊小怪,它是社会各种复杂矛盾在大学生身上的反映。同时也要看到,大学生思想政治上的种种问题是他们在成长过程中出现的问题，这些问题是可以通过学习逐步得到解决的。在高校开设思想政治理论课，就是为了帮助大学生进一步认识科学理论的重要性并愿意接受教师的指导和帮助。我们要推进思想政治理论课的教学方法、教学管理体制的改革，不能以教师的喜好、教师的兴趣、教师的得失去考虑问题，而应该从学生的角度去考虑、去设计、去落实。凡是有助于教学内容进学生头脑、有助于激发学习的积极性，凡是学生喜欢的、愿意接受的、认可的教学方法和手段，我们都应该去做（包括去学），哪怕再麻烦、再辛苦，也是值得的、应该的。

第二，高度重视科学研究工作，努力增加教学中的科研含量。高校思想政治理论课的政治性是显而易见的，不容含糊，它的设置是社会主义大学本质要求的体现。与此同时，它的科学性也是十分重要的，是科学性与政治性的统一。要提高思想政治理论课的说服力和感染力，任课教师的一个重要任务就是，努力加强对思想政治理论课所涉及的重大理论和实践问题的研究。要用深入研究所获得的成果去支撑高水平的教学，用自己深刻理解了和真正把握了的科学理论去讲解，才能说服学生、打动学生，才能真正实现科学理论进学生头脑的目的。任课教师不能完全照着教材讲课，而应该转换成教学体系方便学生理解教材，为学生阅读教材、思考问题提供指导和帮助。高校思想政治理论课教学当然有政治宣传的任务，但是，我们应该力求在政治宣传中讲出学术性来。高校思想政治理论课教师要从学科建设的角度，去深刻认识和正确处理高校思想政治理论课教师的科研与教学之间的关系，要以学科建设的丰硕成果去支持高校思想政治理论课的教育教学工作。

二、全面创新高校网络思想政治教育方式

网络作为开发和使用信息资源的新兴工具和平台，已经深深融入人们的生活、工作和学习当中。大学生群体文化素质较高，思维活跃，善于接受新鲜事物，是我国网络使用者的主要群体。积极利用网络开展大学生思想政治教育，提高他们对思想政治教育的接受度，是加强和改进大学生思想政治教育的有效方式，为大学生思想政治教育工作带来了难得机遇。近年来，网络对大学生的影响愈加凸显，在给大学生学习生活带来便利的同时，因网络造成的心理问题、网络犯罪等也引起了社会的高度关注。网络带来的种

种负面影响，不仅不利于大学生成长成才，而且使思想政治教育工作面临严峻的挑战。加强和改进高校思想政治教育工作，必须高度重视网络思想政治教育。要在科学分析网络思想政治教育特点和现状的基础上，充分发挥高校优势，结合实际情况，强化网络思想政治教育工作，建设“网上网下”的网络思想政治教育体系，形成“网上”和“网下”两种教育手段的互动机制，引导大学生健康使用网络，并从中树立正确的世界观、人生观和价值观。

第三节　思想政治教育创新的保障——促进高校思政课教师的专业化成长

一、高校思政课教师专业化的内涵

作为一个社会学概念，“专业化”特指职业的专业化，通常包含两层含义：一是指一个职业经过一段时间后不断成熟，逐渐符合专业标准，成为专门职业并获得相应的专业地位的动态过程，可以用“professionalization”一词来表示。二是指一个职业群体的专业性质水平以及专业发展所达到的相对稳定的静态情况，可以用“professionalism”一词来表示。这里侧重于“专业化”第一种含义的使用。

高校思政课教师专业化就是指高校思政课教师个体专业水平（包括专业信念、专业知识、专业技能、专业精神等）提高的过程以及高校思政课教师群体为争取教师职业的专业地位而持续努力的过程。前者是指发展高校思政课教师个体的专业知识、专业技能、专业精神等，提高他们的教育和工作水平，实现个体的专业化。后者则是指高校思政课教师群体的整体垂直向上流动，实现高校思政课教师的职业专业化。前者是后者实现的基础和源泉，后者是前者的保障和必然发展趋势。两者共同构成了高校思政课教师专业化。

二、中国高校思政课教师专业化面临的机遇

第一，信息化社会的发展促使高等教育培养目标发生了深刻变革，为高校思政课教师提供了更为广阔的施展空间，也使得专业化成为提高高校思政课教师自身素养的应有之义和内在要求。工业化时代的教育带有深重的

机械模式的烙印。当固定化的学制、定于一尊的教科书和“师道尊严”的班级授课制这“三位一体”的学校体制鼎立成形的时候，当“以学校（教室）为中心、以教科书为中心、以教师为中心”的“三中心”不可撼动的时候，工业化“模具制造—批量生产”的本质在教育中得到了充分的体现，取得了巨大的成功。[①] 工业化教育追求的是内容和过程的确定性、结果的标准化。而工业化高等教育的培养目标也仅仅是实现符合工业化时代要求的人的批量生产。而作为这一目标的衍生工具，高校思想政治教育需要完成的任务就是强化统一、控制与权威，确保“三中心”教学的正常运转即可。高校思想政治教育只是实现工业化教育“模具制造—批量生产”目标的附属工作，完全依附于传统的日常课堂教学活动，在每次教改中成为被边缘的对象。在工业文明时代，人类要征服和研究的对象，主要是自然界。因此，工业时代的人类社会划分成诸多专门化的行业，大多数人都被赋予了一定的行业身份，从而长期地从事某一行业甚至终身为伴。为了与此相适应，传统的课堂教学、专业传授几乎就是工业化教育的终极价值所在。实际上，传统的教学活动也在很大程度上满足了人类开发和改造自然的重任。然而，纯粹的自然改造带来人与自然界的异化，并且导致人类社会的一系列发展困境。

的确，工业化时代教育更侧重于按照社会的发展要求进行专业知识和技能的传授，在很大程度上忽视了学生个体的个性发展和思想政治素质的培养。具体到高校思想政治教育来说，高校思想政治教育被理工科为主导的偏见思想所贬低，没有找到自身存在的独立价值。然而，“关注人，发展人，引导人”已经成为以信息社会为特征的后工业时代教育的主要价值取向。“关注人，发展人，引导人”就是要求教育更多地从学生的个性发展出发，完善学生个体的全面发展，引导学生树立正确的价值观，而不是仅仅局限于传统的知识和技能传授。相对于传统的学习认知，信息化时代学习的内涵与外延都已经获得了前所未有的扩展。国际所提倡的四种学习也将是每个人一生中的知识支柱，即学会认知、学会做事、学会共同生活和学会生存。这四种学习将在很大程度上弥补工业化时代的教育缺陷。与此同时，随着信息化社会的不断发展，高校师生面对的是一个更加复杂、更加多变、更加新奇的世界，交往范围的扩大，各种文化观念的冲击，不同角色和行为

---

① 参见陈建翔：《量子教育学：一百年前“量子爆破”的现代回声》，《教育研究》2003 年第 11 期。

方式的转换,必然引起人们思想方式、价值观念的深刻变化。联合国教科文组织在《21 世纪的高等教育:展望和行动世界宣言》的报告中,就明确提出了思想、文化上的要求,高等教育要“培养非常合格的毕业生和能够满足人类各方面活动需要的负责任的公民”。学校要“帮助在文化多元化和多样性的环境中理解、体现、保护、增强、促进和传播民族文化和地区文化,以及国际文化和历史文化”①,并通过培训和提供正确的认识,来保护和增强青年的社会价值观。一言以蔽之,信息化社会除了要求人们掌握广博知识,形成面向世界竞争的能力外,更要求人们能够具备面向世界的思想道德素质。显然,大学生这种面向世界素养的培养与形成离不开开放的、发展的、有明确价值导向的高校思政课教师的有力担当。

因此,信息化社会的高等教育培养目标应该是为每个学生的一生做好准备,最终目的是无论学生选择哪个职业,都有成功的可能性。在信息化时代,每个人必须有能力去抓住和利用各种机会,去更新、深化和进一步充实最初获得的知识和能力,从而使自己能够适应不断变化的世界。这种能力不是仅仅通过传统的课堂传授就能获取的,它更需要高校思想政治教育发展支持。作为整个高校思想政治教育工作的重要组成部分,思政课教师群体自身素养发展的程度将在很大程度上决定提供这种发展支持的程度。相对于工业化时代的高等教育而言,高校思政课教师不再是可有可无的岗位,对于高校思政课教师自身素养的关注程度也提到了前所未有的高度。信息化社会的发展为高校思政课教师提供了更为广阔的施展空间与教育发展的舞台。伴随着施展空间的不断拓展,专业化也已经发展成提高高校思政课教师自身素养的应有之义和内在要求。

第二,我国高等教育的普及化带来思想教育需求的多样化,要求高校思政课教师提供更为专业化的思想教育。高等教育由小众化精英教育向大众普及教育的转变给我国带来了一次历史性的教育革命。招生规模的持续扩大所带来的思想教育需求多样化已经在深刻影响着我国高等院校的内部运行。作为与学生接触最为密切的群体之一,高校思政课教师首先受到了影响。当传统教育模式已经不再能够满足新的教育需求时,来自内部和外部要求高校思政课教师改革教学的要求迫在眉睫。当高校思政课教师群体努

---

① 卢晓中:《当代世界高等教育理念及对中国的影响》,上海教育出版社 2001 年版,第 35 页。

力通过工作专业化的途径来满足学生群体的思想提高的需求时，也较为容易获得整个社会的理解和支持。

教育强则国家强，教师有为则学生受益。思政课教师虽然只是繁华世界万千职业中的一种，却有着不寻常的内在意味。“学高为师，身正为范”曾是我们初为人师时所仰慕的一种伟大人格精神，成为有至高学问的良师、有至正修为的益友，成为引导价值、育化心灵的人民教师，就是我们孜孜以求的人生理想。[①] 随着学校思想政治教育工作进入到攻坚期，加强和改善思想政治理论课实效性之于培养担当民族复兴大任的时代新人，比以往任何时候都更加迫切，对思政课教师的优良品格、理想信念和时代使命的要求比以往任何时候都更加强烈。

此外，中共中央、国务院下发的《关于进一步加强和改进大学生思想政治教育的意见》特别提到了加强我国高校思政课教师队伍建设。随后，教育部也先后专门制定了一系列文件和规章制度。这一系列文件和规章制度的政策效应与大众化教育带来的多样化教育需求汇合而成一股较大的变革合力。这将非常有利于加快推进我国高校思政课教师的专业化进程。

第三，国家高度重视思政课教师的发展。2019 年，习近平总书记召开了思想政治理论课教师座谈会，充分肯定了思政课教师的作用。在学科建设上，马克思主义理论一级学科的设立加强有力地推动了我国高校思政课教师的专业建设和学科发展。为了加强新时期思想政治工作的成效，教育部在 1984 年专门设立了思想政治教育专业。高等院校是我国思想政治工作的主要阵地之一。因此，思想政治教育的专业建设和学科建设直接影响到高校思政课教师的发展。2006 年，马克思主义理论一级学科的设立使得原来的马克思主义理论与思想政治教育专业分离成两个独立的二级学科。思想政治教育专业独立形成了完整的学士、硕士、博士学位培养体系。目前，已有部分高校在思想政治教育专业的硕士和博士培养层次专门开设了高校思政课教师的研究方向。应该说，这些都有力促进了我国高校思政课教师的专业化建设。思想政治教育专业学科体系和培养体系的完善将在很大程度上推动我国高校思政课教师的专业建设和学科发展，进而提升整个教师

① 参见宋婷：《新时代思政课教师的使命和担当》，中国社会科学网，http://www.cssn.cn/sxzzjypd/sxzzjypd_bwsf/201903/t20190325_4852656.html。

群体的专业素养,为必要的人才储备提供多方面的有利条件。

三、中国高校思政课教师专业化发展路向

第一,党和国家教育精准施策。为深入学习贯彻习近平新时代中国特色社会主义思想和党的十九大精神,深入贯彻落实全国高校思想政治工作会议和中共中央、国务院《关于加强和改进新形势下高校思想政治工作的意见》精神,继续打好提高思政课质量和水平的攻坚战,教育部2018年启动实施"高校思政课教师队伍建设专项工作",建设高素质专业化思政课教师队伍,全面推动习近平新时代中国特色社会主义思想进教材、进课堂、进学生头脑。为此,教育部决定在继续实施"高校思想政治理论课教师在职攻读马克思主义理论博士学位专项计划"的同时,自2018年开始实施"高校思想政治理论课教师队伍后备人才培养专项支持计划"。开展高校思政课教师学习贯彻习近平新时代中国特色社会主义思想专题轮训,培养一批热爱思政课教学和马克思主义理论研究、教学业绩突出、具有发展潜力的青年领军人才,增设一批高校思政课教师培训研修基地,同时鼓励具备条件的辅导员担任思政课兼职教师。突出教学质量,加强思政课教师教学工作指导。加强思政课教学工作规范化建设,用好"全国高校思政课教师网络集体备课平台",组织开展"面对面集体大备课",实施"习近平新时代中国特色社会主义思想大学习领航计划",召开全国大学生学习习近平新时代中国特色社会主义思想成果展示交流大会。

第二,思政课教师要坚定立德树人根本任务的使命感。我们党立志于中华民族千秋伟业,必须培养一代又一代拥护中国共产党领导和我国社会主义制度、立志为中国特色社会主义事业奋斗终身的有用人才。办好思政课事关中国共产党长期执政,事关中华民族伟大复兴,事关中国特色社会主义伟业永固。思政课作用不可替代,思政课教师队伍责任重大,要不忘初心,牢记使命,以崇高的使命感和强烈的责任感,毫不含糊、理直气壮、旗帜鲜明地讲好思想政治理论课。要坚定共产主义理想信念,提高自身的理论素养和学识水平,完善自身性格,做一个富有人格魅力的可敬、可亲的思政课教师。思想政治理论课教师要把思想政治理论课当事业、当志业,甘做人梯、甘于奉献,在乐为、敢为、有为中,找到职业的尊严感、价值感和幸福感,把铸魂育人的事业进行到底。高校思想政治教师要坚持立德育人的教育理

念,加强自身修养,把学生的健康成长作为工作的重中之重,注重学生良好品德的形成,密切关注学生思想动态,真正做到因材施教。

第三,高校思政课教师需进一步提升专业素养。思想政治教育专业的硕士、博士是高校思想政治教师队伍中的新生力量。积极吸引具有人文社会科学、信息技术等专业背景的复合型人才。高校应提高思想政治教师的准入门槛,尤其不能因为暂时性的人才缺口而降低标准。高校思政课教师如果缺乏科研能力,就会失去专业发展的动力源泉。无论是提高思政课的教学实效,还是更好地建设马克思主义理论学科,高校思政课教师都需具有广博的知识、较高的理论水平和良好的科研能力。因此,思政课教师应提高理论修养,关注学术前沿问题,不断更新知识结构,加强学术研究,提升科研意识和科研能力。只有这样,教师才能在增强教学吸引力的同时,推动学科建设与完善,赢得社会的认可和尊重,最终实现专业发展。

参考文献

(一)著作

《马克思恩格斯选集》第 1 卷,人民出版社 2012 年版。

《马克思恩格斯选集》第 3 卷,人民出版社 2012 年版。

《马克思恩格斯选集》第 4 卷,人民出版社 2012 年版。

包玉琴:《走出困惑——新时期大学生思想道德教育问题探析》,民族出版社 2003 年版。

边和平:《高校思想政治理论课教育教学论》,中国矿业大学出版社 2014 年版。

曹顺仙、薛桂波:《高校思想政治理论课“一体化”探究式教学模式的理论探索与实践创新》,北京理工大学出版社 2014 年版。

陈秉公主编:《思想政治教育学基础理论研究》,吉林大学出版社 2007 年版。

陈洪涛:《高校思想政治理论课评价论》,中国社会科学出版社 2011 年版。

陈鸿雁:《高校思想政治理论课教师胜任力研究》,河北人民出版社 2011 年版。

陈万柏、张耀灿:《思想政治教育学原理》,高等教育出版社 2007 年版。

陈新汉:《社会主义核心价值体系价值论研究》,上海人民出版社 2008 年版。

陈章龙、周莉:《价值观研究》,南京师范大学出版社 2004 年版。

陈志尚:《人的全面自由发展论》,中国人民大学出版社 2004 年版。

丁国浩:《问题意识导向下的高校思想政治理论课教学研究》,浙江大学出版社 2017 年版。

方世南:《高校马克思主义思想政治理论课程改革创新研究》,人民出版社 2007 年版。

冯国芳:《高校思想政治理论课教学育人论》,上海交通大学出版社 2014 年版。

冯培主编:《新媒介时代高校思想政治理论课创新体系研究》,旅游教育出版社 2013 年版。

顾晓英:《一身一任:高校思想政治理论课教师主体性研究》,上海大学出版社 2016 年版。

顾钰民主编:《高校思想政治理论课教学方法研究》,复旦大学出版社 2012 年版。

韩东才、房慧玲:《社会问题对高校思想政治理论课教学的影响研究》,中山大学出版社 2008 年版。

何云峰、苏令银主编:《高校思想政治理论课教学与学科发展研究》,黄山书社 2009 年版。

洪明:《碰撞、共鸣、认同:高校思想政治理论课互动教学探索》,湖北人民出版社 2012 年版。

金生鈜:《规训与教化》,教育科学出版社 2004 年版。

金盛华主编:《社会心理学》(第 2 版),高等教育出版社 2010 年版。

李红冠、翟尧、孙智宏主编:《高校思想政治教育》,河北人民出版社 2015 年版。

李腊生、龚萱、闵杰等:《高校思想政治理论课教学实效性研究》,武汉大学出版社 2011 年版。

李松林、李会先主编:《新时期高校思想政治理论课教学体系研究》,首都师范大学出版社 2014 年版。

李小鲁:《教育作为人的生存方式》,广东教育出版社 2007 年版。

李杨、孙颖、李冠楠主编:《新媒体时代的大学生思想政治教育教学研究》,吉林大学出版社 2016 年版。

李宇卫编著:《普通高校思想政治理论课实践教学概述》,西南交通大学出版社 2016 年版。

林建华:《21 世纪高校思想政治理论课教学改革研究》,知识产权出版社 2014 年版。

刘惊铎:《道德体验论》,人民教育出版社 2003 年版。

刘玉秋:《新环境下高校思想政治理论课理论与实践研究》,哈尔滨工程大学出版社 2014 年版。

唐孝威等:《心智的无意识活动》,浙江大学出版社 2008 年版。

袁振国:《教育新理念》,教育科学出版社 2002 年版。

张耀灿、陈万柏主编:《思想政治教育学原理》(第 3 版),高等教育出版社 2015 年版。

张瑜等:《高校网络思想政治教育发展与创新研究》,人民出版社 2014 年版。

(二)论文

习近平:《青年要自觉践行社会主义核心价值观》,《人民日报》2014 年 5 月5 日。

费多益:《“感受质”及其研究进展》,《哲学动态》2009 年第 1 期。

冯刚、骆郁廷:《思想政治教育学科发展 30 年的回顾与展望》,《思想理论教育导刊》2014 年第 7 期。

姬广阁:《论高校思想政治教育话语权现状与对策》,《山东行政学院学报》2018 年 3 期。

汪慧英:《创新网络时代高校思想政治教育话语体系》,《创新与创业教育》2019 年第 5 期。

王茂胜、邵莉莉:《思想政治教育评价的科学内涵及其特征》,《学校党建与思想教育》2002 年第 21 期。

吴建新、杨光玮:《“结构匹配”在思想政治教育中的应用》,《西安电子科技大学学报》(社会科学版)2007 年第 5 期。

邢伟荣、曹亮:《论高校网络思想政治教育话语失当及回归》,《教育与教学研究》2011 年第 12 期。

熊雅妮:《网络环境下高校思想政治教育话语权的构建》,《胜利油田党校学报》2017 年第 6 期。

张金鑫、张国启:《微时代思想政治教育话语权提升的逻辑思考》,《继续教育研究》2015 年第 2 期。

刘媛媛:《高校思想政治教育话语权研究》,辽宁大学 2017 年硕士学位论文。

秦端茜:《思想政治教育话语权功能研究》,广西师范学院 2013 年硕士学位论文。

张雅楠:《高校思想政治教育网络话语权的建构研究》,长春理工大学 2019 年硕士学位论文。